Intervista alla Stupidità

Les uns voient noir, d'autres bleu, la multitude voit bête.
Gustave Flaubert, *L'éducation sentimentale*

1. Che cos'è la Stupidità?

Intervistatore. Tutti pensano di conoscerla bene, eppure quando si tratta di definirla si ha come l'impressione di non riuscire a trovare le parole. Che cos'è la stupidità? Vuole presentarsi lei stessa?

Stupidità. Proprio così, tutti pensano di conoscermi, ma poi nessuno, o quasi, è in grado di definirmi. Penso che alla base di ciò vi sia un equivoco. La gente è abituata a pensarmi come qualcosa di reale, perché spesso si ha la sensazione di poter quasi toccarmi con mano. Invece bisognerebbe capovolgere la prospettiva e considerarmi piuttosto come un'assenza. È vero che le mie manifestazioni si vedono a ogni momento e in ogni luogo, e se ne vedono fin troppe, ma non bisogna attribuirle alla qualità opposta dell'intelligenza, perché non esiste una qualità opposta all'intelligenza. Io non sono il suo contrario, bensì la sua assenza. Sono, se così posso dire, una specie di paradosso filosofico: un'assenza che produce effetti, il non essere che produce l'essere. Sono un'astrazione, anche se i miei rappresentanti, cioè gli stupidi, sono reali. Nel corso di questa nostra conversazione, però, sarà opportuno che io parli di me in terza persona. La stupidità che parla in prima persona, capisce, rischierebbe di non essere credibile.

I. D'accordo.

S. Se, trattandosi di un'assenza, risulta dunque difficile definire la stupidità, se ne può tuttavia evocare la natura sfuggente attraverso delle similitudini. La più efficace, a mio avviso, è quella di un buco nero. Come in un buco nero, infatti, in lei ogni logica e ogni ingegno precipitano e si perdono oltre l'orizzonte degli eventi. La stupidità è come una finestra aperta su un altro universo. Qualcosa che dà le vertigini, perché lascia intuire quello che avrebbe potuto essere l'uomo senza intelligenza, ma anche perché dà un'idea di quanto sconfinate siano le sue dimensioni e la sua forza, per cui ogni sua trattazione non può mai avere la pretesa di essere esaustiva. Come se il fascio di luce proiettato dall'intelligenza potesse di volta in volta illuminarne solo una parte. Nello stesso tempo la stupidità è qualcosa di estremamente vicino. Si è comunemente inclini a credere che un baratro la separi dall'intelligenza, ma si tratta solo di una di quelle idee che pur essendo false fa comodo a tutti credere vere. All'intelligente perché gli permette di stabilire una distanza, che non reputa mai sufficientemente grande, con lo stupido; allo stupido perché, credendosi intelligente, gli dà l'illusione di allontanarsi da sé stesso. In realtà, tanto le manifestazioni della stupidità quanto quelle dell'intelligenza vanno collocate sulla stessa linea, in un'ideale continuità, per cui man mano che le une decrescono le altre aumentano. Le distingue soltanto l'atteggiamento: l'intelligenza è sempre in cammino; la stupidità fissa immobile le punte dei propri piedi. Il pensiero, recita un antico detto nordico, è fragile e sottile come un filo di capello. Volendo con ciò trasmettere l'idea di qualcosa che pur potendo svilupparsi all'infinito può in qualsiasi momento spezzarsi. A una persona intelligente può bastare una parola o una giornata storta per attraversare questo confine sottilissimo, seppur non in maniera definitiva, chiaramente. Cosa che, altrettanto chiaramente, non accadrà mai allo stupido, nemmeno per sbaglio. Una linea di confine sottilissima, quindi, ma che solo la persona intelligente può attraversare in una direzione o nell'altra, e che invece dal punto di vista dello stupido appare come una muraglia insormontabile.

I. È possibile identificare questo punto di confine?

S. Il punto di passaggio dal campo della stupidità a quello dell'intelligenza è il momento nel quale si comincia a dubitare di poter essere stupido. Se dovessimo assistere al fenomeno di uno stupido che diventa intelligente, il momento del passaggio sarebbe quello nel quale si pone domande come: "Mi sono comportato/Mi sto comportando da stupido?"; "Sono forse stupido?" È un ragionamento puramente teorico - poiché nei fatti non succederà mai che uno stupido diventi intelligente -, utile soltanto per individuare la linea di demarcazione. Non sarà per certo intelligente chi esclude di poter essere stupido.

Parafrasando Cartesio, si potrebbe dire: dubiti, dunque sei intelligente. La linea di confine che separa l'intelligente dallo stupido è la consapevolezza della propria limitatezza, da cui deriva quell'atteggiamento di curiosità e apertura verso le molteplici forme dell'ignoto. Ma l'intelligenza tronfia, supponente, insuperbita del proprio sapere, che mette paletti e delimita, ebbene, quella è rientrata senza accorgersene nel campo della stupidità, e lì rimane chiusa a doppia mandata.

I. Gli addetti ai lavori definiscono lo stupido come colui che provoca un danno agli altri danneggiando anche sé stesso. Altri lo assimilano alla figura dell'inetto, come ci viene presentato nei romanzi di Svevo, oppure come colui che non sa decidere, facendo ricorso all'apologo dell'asino di Buridano, che tra due balle di fieno perfettamente uguali e poste alla stessa distanza non sa quale scegliere e muore di inedia. Si tratta, secondo lei, di definizioni pertinenti?

S. La prima definizione da lei ricordata è certamente corretta; tuttavia, copre soltanto un aspetto del fenomeno, quello, per così dire, utilitaristico. Non a caso a formularla è stato un economista. Indica, cioè, il profilo di uno stupido, ma non tutti gli stupidi rientrano in tale definizione. Se ne incontreranno molti che non nuoceranno mai a nessuno, sia per mancanza di opportunità sia perché portatori di una stupidità innocua. Chiunque frequenti bar e altri luoghi di ritrovo ne avrà visti molti all'opera. Le altre due definizioni, invece, sono palesemente viziate da errori di prospettiva. L'inetto sveviano non è affatto stupido. Sebbene tenda a costruirsi degli alibi e ad alterare la realtà, ha una sensibilità pronunciata, profondità di pensieri e una spiccata capacità di auto-osservazione. Tutte cose che uno stupido non svilupperà mai, nemmeno se campa mille anni. Il solo motivo per cui l'inetto viene confuso con lui è per la goffaggine con cui si muove nel mondo. Senonché, la goffaggine non ha nulla a che vedere con lo stupido, che al contrario è disinvolto o anche molto disinvolto, muovendosi in un mondo disegnato a sua misura come un pesce nell'acqua. Quindi, il fatto che l'inetto non riesca a entrare in sintonia con questo mondo andrebbe considerato titolo di merito, piuttosto che di demerito. Un discorso analogo si può fare per la tesi secondo cui lo stupido sarebbe la persona incapace di scegliere. Si tratta, in questo secondo caso, dello stupido visto con gli occhi dell'intelligente, che prova a mettersi nei suoi panni. L'asino di Buridano, infatti, non rappresenta lo stupido, ma piuttosto il filosofo, la persona intelligente, che subordina il proprio comportamento a scelte dettate dalla ragione. È la persona intelligente che resterebbe paralizzata e per uscire dall'impasse sceglierebbe di non scegliere. Nella realtà le decisioni dello stupido sono di gran lunga più rapide di quelle dell'intelligente poiché bypassano la ragione. Lo stupido, come del resto l'asino, si fionderebbe sulla prima balla di fieno e anche sulla seconda, senza nemmeno porsi il problema di non scegliere, poiché a differenza dell'intelligente metterebbe da parte la logica. Tutt'al più, si lamenterebbe dopo di aver mangiato troppo.

I. Chi è allora lo stupido?

S. Ricollegandoci a quando si diceva prima, lo stupido è colui che esclude il dubbio, colui che non dubita di poter essere stupido.

I. Come lo si riconosce?

S. Beh, qui entriamo in un campo assai vasto. Difficile catalogare tutti gli elementi che lo distinguono. Sono veramente tanti. Il lato positivo della questione è che non c'è bisogno di raccoglierne molti per capire di avere di fronte uno stupido, anzi la maggior parte delle volte basta un indizio a fare una prova. Come dice La Bruyère, "uno stupido si riconosce se esce o se entra, se si alza o si siede, e anche se tace", sebbene quest'ultima, cioè il tacere, sia evenienza decisamente più rara. Ecco, lo stupido parla con tutta la sua persona. La sua principale caratteristica è la visibilità, lo stupido salta agli occhi. Verrebbe da dire che ci tenga a essere riconosciuto, come se il suo primo gesto fosse quello di porgervi un biglietto da visita con su scritto "sono uno stupido". A volte per metterlo a fuoco bastano solo un'andatura e una postura *studiate*. In un gruppo lo riconoscerete immancabilmente poiché è sempre il primo a prendere la parola e l'ultimo a lasciarla. Ancor prima di capire l'oggetto del discorso, lo si nota per la sua naturale tendenza ad alzare la voce. Tutti gli stupidi infatti sono sordi, nel senso che faticano a sentire sé stessi. Lo si riconoscerà anche dalla facilità con cui tende a spalancare la bocca, come una porta idealmente sempre aperta per far passare qualsiasi baggianata. Ma l'elemento che più di tutti vi rivela di esservi imbattuti in lui è l'ironia. L'ironia è la vera cartina di tornasole, la prova del nove della stupidità. Lo stupido non afferra. Per lui l'ironia è come una lingua straniera. Basta un'innocente battuta per rivelarvelo. Lo vedrete subito fare la faccia interdetta di chi viene interrogato in una lingua a lui ignota: *I don't understand...*

Ecco, lo stupido *doesn't understand* ironia. Lo stupido ride soltanto per le torte in faccia, per i calci in culo o per una pronuncia da *negro*. Il discorso potrebbe prolungarsi fino a stasera, anche perché il bestiario della stupidità è in perenne divenire e da qui a stasera ci saranno elementi nuovi da portare, ma penso che per il momento questa breve panoramica possa bastare.

I. Ma come ragiona, sempre che si possa usare questa parola, la mente dello stupido?

S. Possiamo usare il termine *ragionare*, riferendoci allo stupido, in un senso, per così dire, primordiale. Non cioè come un vero e proprio articolarsi del pensiero, ma piuttosto come forma elementare di associazione di concetti. La mente dello stupido procede soltanto lungo le strade più battute. Ritrovarsi in campo aperto provoca in essa un sentimento di angoscia simile a quello che si può provare smarrendosi in un bosco al calar della sera. Diciamo che per la mente dello stupido l'ideale è la strada ben tracciata. Anzi, per fugare ogni dubbio, una strada ferrata, nella quale non puoi deragliare nemmeno se ti spingono. I suoi binari sono rappresentati dal "sentito dire". Egli attribuisce grande importanza al principio di autorità, a cominciare dalla televisione, che per lui è l'autorità per eccellenza. Il fatto di aver sentito qualcosa in televisione è garanzia sufficiente di veridicità. Stessa cosa, da alcuni anni a questa parte, dicasi per il *web*. Quando dice "l'ho trovato su internet" significa "non c'è bisogno di aggiungere altro". Il suo *ragionamento* si sviluppa secondo un'unica modalità: la generalizzazione. Fare di tutta l'erba un fascio è lo strumento che gli permette di spiegare ogni fenomeno e che gli dà la stessa gratificazione che può provare l'esploratore che arriva in un posto mai visitato prima di lui. Lo stupido scopre quotidianamente l'America. Ogni forma di coerenza logica per lui è un *optional*. Anzi, seghe mentali. Lo stupido, infine, usa in continuazione il primo pronome personale, ha una concezione per certi versi tolemaica dell'universo, con la sola differenza che al centro non c'è la terra, ma la propria persona. Dice sempre "io qua... io là...", pur non dicendo mai nulla di veramente *suo*.

I. Un'ultima domanda di carattere generale che tutti si sono posti riguarda le origini della stupidità, quanto contano i fattori genetici e quanto contano quelli ambientali. In parole povere, stupidi si nasce o si diventa?

S. Sì, è una domanda molto frequente, se non la più frequente. In teoria, una possibilità non esclude l'altra, per cui si potrebbe pensare che stupidi si nasca e si diventi. Tuttavia, ciò che possiamo osservare nella realtà è che in una famiglia di stupidi è molto probabile che il figlio segua le orme dei genitori, anche in assenza di legame biologico, mentre è piuttosto raro che uno stupido venga fuori in una famiglia di persone intelligenti. Se ciò non è sufficiente a escludere l'origine genetica, basta però per dimostrare l'influenza esercitata dal contesto in cui ci si è venuti a trovare. La mia opinione, in sintesi, la riassumerei in questo modo: è possibile che stupidi si nasca, ma è certo che lo si diventa.

2. Stupidità e società.

I. Qualcuno ha detto che la stupidità è una palla al piede per la società. La reputa un'affermazione corretta?

S. Non proprio. Vale quanto detto prima a proposito dell'inetto. La stupidità sarebbe una palla al piede in una società dominata dall'intelligenza, o comunque prevalentemente composta da persone intelligenti, cosa che ovviamente non è. In questa società invece - e avrò modo di illustrarglielo in maniera più dettagliata nel corso della nostra chiacchierata - la stupidità va considerata un elemento fondamentale e fondante. Pensi per un attimo a tutte quelle attività economiche che prosperano grazie alla cupidigia dello stupido, a quel suo insaziabile bisogno di bisogni che ne fanno il target naturale di ogni prodotto inutile, alla sua vita in attesa che qualcuno gli ricordi di desiderare qualcosa, a un sistema nel quale non è più lui a cercare i prodotti, ma sono i prodotti ad attenderlo al varco, mentre lui con espressione ebete li ripone nel carrello. Ebbene, pensi a questo mondo costruito a modello di un grande magazzino, ci metta al posto dello stupido un consumatore intelligente, e il primo effetto sarà il tracollo dell'economia. Dopodiché, in rapida sequenza, come un castello di carte, verrà giù tutto il resto. Se gli stupidi diventassero intelligenti da un giorno all'altro, sarebbe la catastrofe. Non so se riesce a immaginare il caos verso cui si andrebbe incontro. Credo che se la stupidità venisse a mancare di colpo, dall'oggi al domani, l'intelligenza si troverebbe messa a dura prova e ho i miei dubbi che riuscirebbe a venirne a capo. No, oggi come oggi l'intelligenza da sola non va proprio da nessuna parte.

D: Dobbiamo quindi considerare la stupidità un collante necessario di questa società?

R: Assolutamente sì. La stupidità è socievole per sua stessa natura. Orrendamente socievole, si dirà, ed è vero, poiché nulla è più distruttivo e pernicioso della socievolezza degli stupidi, ma pur sempre socievole, e grazie a tale qualità riesce a tenere unita la comunità. Non sarà forse il miglior modo possibile, sono perfettamente d'accordo, ma attualmente non se ne vedono altri.

I. Non è dunque pensabile che possa sparire di colpo per un'improvvisa avanzata dell'intelligenza?

S. Non mi faccia ridere, certo che no. Nel lungo termine, o, per meglio dire, nel lunghissimo termine, non si può escludere, può accadere di tutto. Potrà anche succedere che col progredire della scienza e della tecnica l'intelligenza riesca a modellare a sua immagine l'intera società. Ma, badi bene, ho detto *a modellare*, cioè a fare in modo che tutti si comportino come persone intelligenti, magari attraverso sofisticati sistemi di controllo e marchingegni vari, la qual cosa è ben diversa dal rendere tutti intelligenti. Affinché si realizzi un mondo di intelligenti, ci vorrà ben altro progresso, un progresso in grado di trasformare gli uomini. Se poi questi stadi evolutivi saranno un bene o un male, se trasformeranno il mondo in un paradiso o in un inferno, è un dilemma che resterà aperto fino a quando non vi si arriverà. Oggi, comunque, non si pone proprio. Anzi, allo stato attuale si procede in direzione contraria, l'intelligenza non avanza ma retrocede, e io oso credere che per i prossimi decenni, se non per i prossimi secoli, non ci saranno sorprese. Non vedo elementi all'orizzonte che autorizzino a pensare a un'inversione di tendenza.

I. In che modo la stupidità esercita questa sua azione aggregante?

S. Il meccanismo più propizio per il proliferare della stupidità è il conformismo. Lo stupido è guidato sempre dal bisogno di essere e fare *come gli altri*. Egli non discende dalle scimmie, ma dalle pecore. Maupassant riassume efficacemente questo meccanismo in poche righe: "il popolo è un gregge imbecille, a volte ottusamente paziente, altre volte ferocemente ribelle. Gli si dice: «Divertiti», e si diverte. Gli si dice: «Vai a combattere il tuo vicino», e va a combattere. Gli si dice: «Vota per l'Imperatore», e vota per l'Imperatore. Poi gli si dice: «Vota per la Repubblica», e vota per la Repubblica". L'intelligenza, al contrario, procede da sola, ragion per cui si traduce spesso in comportamenti originali. Succede poi, a lungo andare, che l'atto anticonformista venga trasformato in nuovo conformismo, poiché lo stupido intraprende soltanto le strade che sono già state percorse da altri. Uno si mette un orecchino, e tutti si mettono un orecchino; uno si fa un tatuaggio, e tutti si fanno tatuaggi; uno si fa crescere la barba, e tutti si fanno crescere la barba; uno si taglia la barba, e tutti si tagliano la barba... Funziona in questo modo, l'intelligenza rompe gli schemi, ma si ritrova presto seguita da un codazzo di stupidi. È come se la stupidità esercitasse una misteriosa forza sull'intelligenza, tendendo costantemente a risucchiarla in una massa indistinta. Ecco, potremmo considerarla la legge di gravità del cervello. La persona intelligente deve scalare, trovare la giusta presa, facendo continuamente i conti con la realtà e avanzando un passo per volta, ma sempre subendo questa forza che l'attrae verso il basso. Basta un passo falso per scivolare ed apparire stupido. La stupidità invece ha davanti a sé solo strade già tracciate dove avanzare spensierata.

I. Qual è l'incidenza della stupidità nella società? si possono dare delle percentuali?

S. Secondo me, sì. Lo si può fare partendo da quella che reputo essere una specie di sezione aurea della stupidità. Mi riferisco a una famosa massima attribuita a diversi autori, tra i quali Malraux e Flaiano: "Ogni minoranza di persone intelligenti è composta da una maggioranza di stupidi". Or dunque, da tale affermazione deriva che gli intelligenti stanno sotto al 50%. Non saranno il 49, il 48 o il 47, altrimenti il rapporto sarebbe rimasto in bilico e non si sarebbe potuto parlare di minoranza di persone intelligenti in maniera così perentoria. Mettiamo che siano un 40%. È una cifra che a chi si muove quotidianamente nel mondo e osserva la gente che gli sta intorno parrà certamente eccessiva, ma meglio tenersi larghi. Poiché tale minoranza è a sua volta composta da una maggioranza di stupidi, vuol dire che gli intelligenti non saranno più della metà del suddetto 40%. Seguendo lo stesso ragionamento adottato prima, mettiamo che siano il 15. Ciò significa che la comunità non potrà contare su una percentuale di persone effettivamente intelligenti superiore al 15%. Ma ci siamo tenuti abbastanza larghi. Una stima più attendibile, a mio parere, non andrebbe oltre il 10%, cioè una persona su dieci.

I. Quali sono i settori nei quali la stupidità si esprime meglio o che sono concepiti a sua misura?

S. Beh, premesso che, come detto, a misura della stupidità è concepito il mondo, l'ambito nel quale si presenta nitidamente, direi *come calore in clarità di foco*, è quello militare. Non bisogna scoraggiarsi con l'imbecille, osserva un umorista francese, con un po' di esercizio se ne può fare un militare. Non a caso i *Dottor Stranamore* vengono presi spesso a metafora della stupidità umana. La vita nell'esercito per la persona intelligente non è affatto facile, poiché questa prima di agire vuole sempre capire, per cui anche quando esegue gli ordini sembra che lo faccia di propria iniziativa, come se li avesse già messi in discussione, la qual cosa genera nell'autorità l'identico disappunto della disubbidienza. Lo stupido invece non ha mai problemi a obbedire. Qualsiasi sia l'ordine impartito ha già detto *signorsì* ancor prima di averlo ascoltato per intero. Per questa ragione si ha spesso l'impressione che in ambito militare la selezione proceda, per così dire, alla rovescia. Imbattendosi in certi suoi rappresentanti, viene da pensare che per esservi ammessi non si debba superare un certo quoziente intellettivo e che a parità di requisiti una maggiore stupidità costituisca titolo di preferenza.

I. Un'altra delle grandi domande sulla stupidità riguarda il sesso. Sono più stupidi gli uomini o le donne?

S. Secondo me, la questione andrebbe riformulata. Anziché di uomini e donne, sarebbe più corretto parlare di modello maschile e di modello femminile. Ciò detto, è fuor di dubbio che il modello maschile rappresenti la stupidità molto meglio di quello femminile. Mi pare lapalissiano, anche perché questo mondo concepito a misura di stupido è un mondo prevalentemente organizzato secondo il modello maschile. Non a caso prerogativa di tutte le religioni è la sottomissione della donna. Chi vuole coprirle i capelli, chi vuole coprirle le gambe e chi vuole coprirla interamente. Per sottometterla le hanno studiate tutte. Ma non c'è bisogno di sviluppare grandi argomentazioni, basterà ricordare che è storicamente appannaggio maschile la manifestazione della stupidità umana per eccellenza: la guerra. Questa premessa va tuttavia integrata con un'altra riflessione. La modernità tende spesso verso un'idea fuorviante dell'uguaglianza tra i sessi, nel senso che spinge le donne ad adottare il modello maschile più di quanto non spinga gli uomini ad adottare quello femminile. L'uguaglianza tra i sessi tende, per così dire, a declinarsi al maschile. Ecco perché col passare del tempo l'influenza della stupidità tra i sessi va via via uniformandosi.

I. Incide in qualche modo sulla stupidità l'essere ricchi o poveri?

S. Il censo rappresenta un criterio distintivo molto più fluido rispetto al sesso. La mia opinione è che le proporzioni del fenomeno non variano tra i diversi ceti sociali. La ricchezza nulla aggiunge e nulla toglie alla stupidità. È vero che i ricchi hanno il vantaggio di potersi permettere una migliore qualità d'istruzione, che giova allo sviluppo dell'intelligenza, ma è anche vero, come si suol dire, che il bisogno aguzza l'ingegno, per cui ai poveri si offrono altre opportunità. In che misura tali opportunità vengano sfruttate è un altro discorso. Alla fine, si ritorna alle percentuali dette prima. In generale, mi sento di poter dire che non esistono corrispondenze tra conto in banca e stupidità. Semmai, un legame potrebbe ravvisarsi coi pensieri che al conto in banca si dedicano.

I. Un'altra questione che mi ha sempre incuriosito è il rapporto tra etica e stupidità.

S. Anche questo è un punto molto interessante. Intelligenti e stupidi possono entrambi osservare o violare le leggi, questo va da sé. Diverso invece il discorso se parliamo di etica. Entrambi possono comportarsi in maniera etica o non etica, ma in questo caso la somiglianza è solo apparente. Il senso etico, infatti, è prerogativa delle persone intelligenti. Ovviamente non tutte le persone intelligenti ce l'hanno, ma chi ha senso etico è sicuramente intelligente. Poiché l'etica è socialmente utile, avere senso etico richiede un'adesione consapevole a dei valori, ed è proprio l'aggettivo "consapevole" a escludere che lo stupido possa averlo. Quella che può apparire come condotta etica nello stupido non nasce da senso etico, ma è solo una forma di conformismo. Nella storia lo abbiamo visto spesso, tutte le volte che in nome del bene si è commesso il male, lo stupido è stato sempre in prima fila e non ha mai fatto mancare la sua manovalanza.

3. Stupidità e scuola

I. In un mondo nel quale, come abbiamo appurato, la stupidità domina incontrastata, mi viene da chiederle quale sia il ruolo della scuola.

S. La missione della scuola sarebbe quella di insegnare a pensare, cioè trasmettere, ancor prima del sapere, il metodo per sviluppare la curiosità. In teoria, quindi, sarebbe il luogo deputato a coltivare l'intelligenza. Dico *in teoria*, poiché nei fatti le cose non vanno proprio così. Anzi, diciamo che vanno nella direzione esattamente contraria.

I. Colpa di chi?

S. Non parlerei di colpe. Direi piuttosto che il fenomeno rientra nell'ordine delle cose. Innanzi tutto, la scuola non è un'entità estranea alla società, ma una sua componente. Come tale, è chiamata a svolgere anche una funzione pratica, quella di formare individui idonei a vivere in questa società, a osservarne le leggi che la regolano, leggi scritte, ma anche usi e costumi, i quali maggiormente tendono a essere permeati di stupidità. La scuola non è nemmeno una campana di vetro, ragion per cui ogni stimolo positivo che possa essere fornito allo studente, una volta che questi esce fuori viene immediatamente vanificato da dieci di segno contrario provenienti dal mondo esterno. Bisogna poi considerare quelle che sono le aspettative dei genitori. Tratto distintivo degli stupidi, infatti, è di considerare i figli come proprie propaggini. Si attendono che essi siano a loro immagine e somiglianza. Nel momento in cui vedono tornare a casa un ragazzo che pone domande o espone idee che si discostano dalla *normalità*, cioè un ragazzo che manifesta un accenno di intelligenza, scatta in loro un senso di disagio. Cominciano a preoccuparsi. Si chiedono cosa stia succedendo e cosa diavolo gli insegnino a scuola. Da qui a partire lancia in resta contro i docenti accusandoli di rovinare i loro figli, il passo è brevissimo. Si capisce quindi che, dato un tale contesto, produrre persone intelligenti sarebbe come sfornare marziani. Se davvero onorasse quella che dovrebbe essere la sua funzione, la scuola finirebbe per diventare una minaccia per la stabilità delle famiglie ancor prima che per la stessa sopravvivenza della società così come la conosciamo.

I. Senza contare che promuovere l'intelligenza è, già di suo, impresa non da poco.

S. Certo. La stupidità è come un campo incolto, cresce spontanea, l'intelligenza invece ha bisogno di cure, bisogna lavorarci duramente per raccogliere i frutti. Se dunque mettiamo insieme tutti questi elementi, ci rendiamo conto come la scuola venga a trovarsi non tra due, ma tra una molteplicità di fuochi. Coltivare l'intelligenza dei ragazzi diventa qualcosa di più impegnativo delle sette fatiche di Ercole, come se nello svolgere tali fatiche Ercole avesse qualcuno a fianco che provasse a sgambettarlo di continuo. Si può dunque capire se alla fine la scuola finisca per adeguarsi, facendo, per così dire, di stupidità virtù: se volete degli stupidi, sforneremo degli stupidi.

I. La stupidità viene associata spesso all'ignoranza. Anzi, si dice che stupidità e ignoranza vadano a braccetto, formando una sorta di accoppiata vincente. Le cose stanno veramente così?

S. Beh, se fossimo su un palcoscenico, e il mondo somiglia molto a un palcoscenico, l'ignoranza sarebbe la spalla della stupidità. Questo è chiaro, si intendono alla perfezione. Ciò non significa che l'accostamento sia automatico. È vero che lo stupido ignora spesso che forma abbia un libro o in che senso sfogliarlo, tuttavia, si danno degli ignoranti intelligenti, o anche molto intelligenti, e persone colte stupide, o anche molto stupide. Lo studio libera dall'ignoranza e anche dalla stupidità, ma si tratta di una regola che contempla numerose eccezioni.

I. La mancanza di cultura da sola non può dunque essere considerata una discriminante per identificare la stupidità?

S. In linea generale è così. Lo stupido, come ho detto prima, si incontra tra le categorie meno istruite, ma è ben rappresentato anche negli strati più colti della popolazione, università incluse. Se però caliamo il discorso nella nostra epoca, ci accorgiamo che le cose stanno velocemente cambiando. Se degli stupidi continuano a trovarsi tra le persone colte, sempre meno intelligenti si trovano tra gli ignoranti. Ignoranza e stupidità tendono sempre più a coincidere formando una sorta di mix esplosivo. L'ignorante intelligente è nella società contemporanea una figura in via di estinzione. La spiegazione è semplice e aiuta a far luce su quello che a prima vista sembrerebbe un paradosso, il fatto cioè che a fronte di uno smisurato aumento delle informazioni disponibili, si registri un pauroso dilagare dell'ignoranza, come se alla crescita dei progressi della medicina si registrasse un peggioramento delle condizioni di salute. La risposta è da ricercare nella scala dei valori. L'ignorante intelligente è una persona alla quale l'accesso alla cultura è stato precluso dalle circostanze della sua esistenza, ma che ne riconosce il valore. Non è un abbrutito che disprezza il sapere, ma, per così dire, una persona colta mancata. L'ignorante moderno invece è una figura nuova. La sua è un'ignoranza per scelta. O, se si vuole, per vocazione. Ha l'opportunità di studiare e dispone della possibilità di accedere in qualsiasi momento a tutta la conoscenza del mondo, ma le rifiuta entrambe. Per pigrizia, per mancanza di abitudine e di curiosità, si dirà, ma il vero motivo è che non attribuisce alcun valore alla cultura.

I. Come mai?

S. Io credo che questa società funzioni così bene sotto l'egida della stupidità che la cultura è stata per forza di cose relegata ai margini. È diventata un inutile orpello. Anzi, è diventata sospetta, come se perseguisse chissà quali reconditi disegni. Lo stupido diffida di coloro che provano a spiegargli un fenomeno nei dettagli, di chi lo mette in guardia, perché è convinto di sapere tutto. Nella sua presunzione sospetta che chi voglia trasmettergli informazioni possa avere un suo segreto tornaconto. Non a caso per segnare il confine tra ignoranza e cultura vale lo stesso principio socratico enunciato per segnare il confine tra stupidità e intelligenza, si passa cioè dalla condizione di ignorante a quella di colto quando si comincia a essere consapevoli di non sapere.

I. C'entra qualcosa con la stupidità quel fenomeno assai diffuso nella società moderna che prende il nome di analfabetismo funzionale?

S. C'entra, c'entra... certo che c'entra. L'analfabetismo funzionale è la fotografia migliore di questa sorta di età dell'oro che la stupidità sta vivendo al giorno d'oggi. L'analfabeta funzionale è il perfetto esempio di colui che non attribuisce alcun valore alla conoscenza, tanto da dimenticare anche quelle quattro cose che a scuola gli avevano ficcato in testa a spizzichi e bocconi, e non riuscire più a leggere nemmeno due frasi di fila.

I. Il suo discorso sembra indirettamente smentire quanti credono nell'istruzione di massa.

S. In effetti, a mio avviso, si tratta di una di quelle illusioni frettolosamente diffuse e che in realtà andrebbero viste per ciò che realmente sono, cioè delle illusioni. Siamo ancora a un livello di sviluppo troppo basso per pensare a un'istruzione di massa. Per adesso e per molto tempo ancora, di massa può esserci solo l'ignoranza.

I. Ma se viviamo in un mondo a misura di stupido, non potrebbe apparire sbagliato o comunque controproducente crescere figli intelligenti?

S. Sì, questo è un problema che probabilmente ogni

genitore intelligente si è posto e si pone. Quanto cioè sia vantaggioso crescere un figlio intelligente - vantaggioso per il figlio, intendo - in un mondo di stupidi. Noti che mentre la maggioranza degli stupidi si augura che il proprio figlio sia intelligente, pur non sapendo nemmeno cosa ciò significhi, come del resto ci si attende da uno stupido, l'intelligente dubita anche del valore dell'intelligenza. Detto ciò, il dilemma è solo teorico, nei fatti un genitore intelligente non può non provare a crescere un figlio intelligente, pur consapevole dei molti inconvenienti che ciò comporta e delle difficoltà cui probabilmente andrà incontro, perché ciò che l'intelligenza non può fare è negare sé stessa.

4. Religione

I. Quando si parla di stupidità non si può fare a meno di tirare in ballo la religione.

S. Sì, spesso è difficile capire dove finisca l'una e cominci l'altra. Tuttavia, sarebbe erroneo considerarle come due fenomeni che collimano, come superficialmente qualcuno fa. All'origine di questo equivoco è l'elemento che maggiormente le apparenta: l'irrazionalità. Tuttavia, sappiamo bene che se tutto ciò che è stupido è irrazionale, non tutto ciò che è irrazionale è stupido. È più corretto affermare che la religione ha sempre intrecciato con la stupidità un dialogo privilegiato, trovando in lei il suo principale alleato e il suo più solido sostegno. Basta pensare a uno stato teocratico, nel quale ogni autonomia di pensiero è censurata dall'autorità religiosa, per rendersi conto di quanto questo legame sia forte. Se la chiesa avesse mantenuto il pieno controllo della società, oggi non ci sarebbe motivo di dubitare del sistema tolemaico. Di abiura in abiura e di rogo in rogo, la conoscenza non sarebbe avanzata di un passo. Alle catastrofi naturali, come al dilagare delle epidemie, si risponderebbe ancora con sommesse e ordinate processioni. Se le cose sono andate diversamente, è stato perché si è intromesso l'elemento disturbatore per eccellenza: l'intelligenza.

I. Si può affermare che la religione opera, comunque, per mantenere il mondo più stupido?

S. Beh, per certo non lo sprona a diventare più intelligente. Sarà ad ogni modo opportuno distinguere tra il senso religioso, che risponde all'esigenza dell'uomo di interrogarsi sui grandi temi della sua esistenza ed è connaturato alla fragilità della condizione umana, e le religioni rivelate, che facendo leva su tale sentimento edificano un corpus teologico, una visione del mondo fatta di credenze, riti e precetti. Ecco, quando parliamo del binomio religione-stupidità ci riferiamo sempre alla religione rivelata.

I. Su quali basi si regge questo binomio?

S. La religione rivelata offre allo stupido la rassicurante sensazione di sentirsi a casa, in un ambiente protetto. Lo prende per mano nella culla e lo accompagna fino alla tomba. Delimitando lo spazio entro cui muoversi, attutisce l'angoscia del mondo esterno, di tutto quello che c'è fuori. La religione, per così dire, addomestica l'inconoscibile e l'inspiegabile a beneficio di coloro che non possiedono gli strumenti per accettarli. I riti religiosi conferiscono all'esistenza quel carattere circolare che, rendendola sempre uguale a sé stessa, rappresenta il percorso ideale dello stupido. Quanto più sono precisi e ripetitivi, tanto più risultano efficaci. Inoltre, la religione dà senso alle cose, e lo stupido vuole sempre un senso e una conclusione della storia, non capisce e non si capacita di poter essere egli stesso parte di una storia che non ha senso e non ha fine. In questo modo lo stupido viene liberato da tutte quelle domande che gli impedirebbero di vivere la quotidianità, poiché nulla è più deleterio per lui che porsi delle domande. La religione lo rassicura dicendogli che un essere onnisciente e onnipotente veglia su di lui ed è sempre pronto ad accordargli benevolenza e protezione, poco o addirittura nulla in cambio chiedendo. Una pacchia. Per farlo contento basterà portare la barba lunga o una particolare acconciatura, pregare una, due, quattro o otto volte al giorno, digiunare o riposarsi in determinati giorni, non usare il preservativo, accoppiarsi in un modo piuttosto che in un altro, uccidere gli animali di cui ci si nutre seguendo particolari modalità, pregare seduti, inginocchiati, proni o dondolandosi, un atto di contrizione ogni tanto, e via discorrendo. Dio è uno soltanto, ti dicono le varie religioni quando sono in vena di ecumenismo, anche se lo chiamiamo con nomi diversi. In realtà, se vogliamo attenerci a ciò che vediamo, una soltanto è la stupidità.

I. Ma la religione è spesso anche fonte di divisioni e di guerre.

S. Certo, poiché fondamentalmente essa è l'arma migliore per il prepotente, la via più breve di cui questi dispone per imporre la sua volontà agli altri, nonché la più semplice, poiché annulla la ragione. Il fanatico religioso non ha bisogno di studiare e trovare argomenti convincenti, gli basta sostenere di parlare in nome di Dio. E, come si domanda Voltaire, cosa puoi ribattere a uno che ti vuole tagliare la gola perché gliel'ha ordinato il suo Dio? Non basterebbe tutta l'intelligenza del mondo per fornire una risposta efficace.

I. In che modo la religione riesce a far passare per vere delle credenze che spesso sono delle assurdità alle quali non crederebbe nemmeno un bambino di cinque anni?

S. Prendendo lo stupido per il giusto verso. Avvalendosi cioè di quegli elementi che da sempre fanno breccia in lui, gli stessi enunciati da Dostoevskij nella leggenda del *Grande Inquisitore*: autorità, mistero e miracolo. Sono quei tre elementi di fronte ai quali lo stupido reagisce nella maniera opposta alla persona intelligente. Mentre quest'ultima pretende di giudicare l'autorità, di indagare il mistero e di spiegare il miracolo, lo stupido abbassa la testa, si inginocchia e prega. Non a caso il Grande Inquisitore mette questi tre elementi a fondamento della religione rivelata e quando Gesù - che nella storia immaginata da Dostoevskij è tornato sulla terra nella Spagna dell'Inquisizione - vuole diffondere una religione basata sulla libertà individuale, sull'adesione consapevole del singolo all'etica cristiana, il Grande Inquisitore lo fa incarcerare, poiché una tale prospettiva metterebbe a repentaglio la tranquillità degli uomini e la stessa organizzazione ecclesiastica. Significherebbe infatti chiedere a tutti uno sforzo che solo in pochi possono sostenere, cioè pensare.

I. Dobbiamo concludere che non esiste religione rivelata senza stupidità?

S. Forte sarebbe la tentazione di rispondere di sì, e tuttavia l'intelligenza vuole che si contempli anche l'eccezione. Diciamo allora che la religione rivelata è un fantastico *assist* per la stupidità, e viceversa. Ne era già consapevole quello che può essere considerato il vero iniziatore del cristianesimo, cioè Paolo di Tarso, il quale riassume magistralmente la questione in due battute: "la lettera uccide, lo spirito dà vita". Con queste due brevi frasi Paolo mette in guardia dal rischio che ogni fede trasformandosi in *lettera*, cioè in religione rivelata, si traduca in una pura somma di norme alla quale la massa ottusamente si conforma. Senonché, i successivi duemila anni di storia hanno dimostrato che non di rischio si trattava, ma di un'ineluttabile conseguenza. Cosa è successo, dunque? È successo che solo il credente intelligente coglie lo *spirito*, mentre lo stupido si ferma alla *lettera*. Le gerarchie religiose si sono quindi rese conto che pretendere che i fedeli andassero oltre la *lettera* era semplicemente un'utopia. Col passare del tempo, poi, si sono per così dire convinte che ogni male non veniva per nuocere. Che i fedeli si fermassero alla *lettera* significava anche meno domande, meno dubbi e lasciava a loro la facoltà di decidere e guidarli a loro piacimento e in tutta tranquillità. Da questa constatazione ad adoperarsi affinché i fedeli non andassero oltre la *lettera*, o addirittura vietare loro di andare oltre la *lettera*, il passo è stato breve. Che poi è quello che fa il Grande Inquisitore.

I. Ci sono religioni che possono essere considerate più di stupide di altre?

S. No, se osserviamo i vari *corpus* teologici non si può stilare una graduatoria. Ogni religione è capace di toccare le vette della stupidità e in un'ideale competizione risulterebbero tutte prime *ex-aequo*. Se poi nella realtà una religione produce effetti più stupidi rispetto a un'altra, questo dipende da fattori storici, non ultimo il peso politico che essa mantiene. Più una religione diventa strumento di consenso politico, più rimane impermeabile ai tempi e più conserva le sue modalità arcaiche. Più, detto in altri termini, la sua stupidità ci apparirà visibile.

I. Come si spiega che in società cosiddette secolarizzate, nelle quali cioè la religione si è adeguata ai cambiamenti culturali intervenuti nella vita quotidiana delle persone, e che sono quindi considerate più progredite, si facciano strada altre religioni rimaste a uno stadio evolutivo più primitivo?

S. Semplificando, ma non troppo, è un po' come quando ricompaiono dei virus scomparsi e, trovando una popolazione che ha ormai perduto i relativi anticorpi, hanno gioco facile nel diffondersi. Così, in una società nella quale una religione è stata obbligata per forza di cose a lasciare un ampio margine di libertà ai propri fedeli, succede che ci siano delle persone che si convertano a un'altra religione che tali libertà non concede. Qualcosa di simile a un asino che lasciato libero dal padrone andasse a cercare qualcun altro che gli mettesse il basto perché non concepisce di vivere senza. Del resto, guardando il fenomeno da una prospettiva laica, possiamo renderci conto come la secolarizzazione non abbia di fatto inciso sulla stupidità. L'idea che affrancandosi dalla religione gli individui sarebbero diventati più intelligenti, o che si fossero affrancati dalla religione perché più intelligenti, si è rivelata una pia illusione, così come una pia illusione è credere che le conquiste dell'intelligenza si traducano in una crescita dell'intelligenza collettiva.

I. Ecco, anche questo è un tema interessante. Spesso si è tratti in inganno, si tende a confondere il progresso tecnico col progresso umano. Mi viene in mente un verso di Quasimodo: *Sei ancora quello della pietra e della fionda, uomo del mio tempo.*

S. Negli ultimi decenni l'intelligenza ha apportato innovazioni che non solo hanno rivoluzionato la vita quotidiana delle persone, ma hanno anche trasformato il loro modo di pensare e i loro costumi. Ciò però non significa che gli uomini siano diventati più intelligenti. Chamfort liquida il fenomeno con una battuta: "man mano che l'intelligenza progredisce, la stupidità raddoppia i suoi sforzi". Quello che nella realtà succede è che i cambiamenti culturali interessano i grandi numeri in maniera superficiale, traducendosi solo in nuove mode, per cui pur mantenendosi al passo con i tempi, molti non si muovono di un millimetro.

I. Interessante...

S. Si viene in questo modo a creare una sorta di stratificazione temporale, come se tante epoche coesistessero insieme. Si accetta come un fatto normale che nel mondo esistano luoghi dove ancora si vive come si viveva prima della rivoluzione industriale o addirittura nel neolitico, ma si ha difficoltà a concepire che un fenomeno analogo possa verificarsi all'interno del cosiddetto mondo sviluppato, per cui vedendo uno seduto davanti al computer si dà per scontato che sia un contemporaneo. Le cose non stanno così. Ogni nuova epoca non rimpiazza la precedente, ma le si colloca accanto. Le persone tendono ad attribuire un carattere di oggettività all'epoca nella quale vivono, ma così facendo non considerano che parlano del *mondo* nel quale si svolge la loro esistenza, che non è solo un luogo geografico, ma anche e prima di tutto un luogo culturale e mentale. Dicono "è incredibile che accadano cose di questo tipo nel terzo millennio!", implicitamente dando per scontato di essere tutti nello stesso anno e nella stessa epoca. Cosa che con tutta evidenza non è. Oggi il calendario segna il 2016, ma quanti sono quelli che ci vivono realmente? Una minoranza della minoranza, cioè le persone intelligenti. Milioni di individui invece vivono in un mondo nel quale Einstein non ha ancora pubblicato i suoi studi sulla relatività e sono ben convinti di possedere verità assolute. Per altri milioni di persone Voltaire deve ancora nascere, di tolleranza non ne hanno mai sentito parlare e volentieri rinchiuderebbero il diverso. Per tanti altri ancora chissà quando Copernico e Galileo si metteranno al lavoro. Quando si parla di stupidità, il calendario è l'oggetto più ingannevole. Anche se tutti hanno festeggiato l'arrivo del 2016, a viverci realmente sono in pochi. Tanti devono ancora festeggiare la fine del secondo millennio e tanti altri non sono ancora arrivati a metà. Questi uomini che vediamo in abiti moderni, muniti degli ultimi ritrovati della tecnologia, sono perlopiù gli stessi che nell'alto medioevo si accalcavano davanti a una reliquia e osservavano con distaccato sollievo il fumo dei falò, con dentro l'eretico, salire verso il cielo. Si prostrano come allora al cospetto della statua che piange e sono pronti a far ricorso alla gogna e al linciaggio alla prima occasione. La diversità per la folla continua a rappresentare lo stesso pericolo che rappresentava nel medioevo e ce ne vuole di fatica e di buona volontà per convincerla. Quando vi si riesce.

5. Politica

I. Possiamo considerare la politica, che alla religione è stata sempre legata, come l'altro grande pilastro su cui poggia la stupidità umana?

S. Naturalmente. Senonché, mentre la religione si basa, come detto, su meccanismi che sono rimasti immutati nel tempo, le forme di governo sono cambiate nel corso dei secoli. Dopo l'illuminismo si è gradualmente affermata l'idea che il potere sia legittimato dal popolo. I governanti, dunque, sono chiamati a rendere conto del loro operato alla maggioranza dei cittadini. E già nel momento in cui si nomina questa parola - *maggioranza* - chi si occupa di stupidità capisce dove si andrà a parare.

I. Vuole per caso sostenere che fosse preferibile la monarchia che legittimava la sua autorità con l'origine divina?

S. Per gli stupidi, è fuori discussione. Per loro la condizione di suddito è sempre preferibile a quella di cittadino, in quanto non implica la fatica e il rischio di pensare. Ma forse anche gli intelligenti costretti a vivere in una società di stupidi vi si troverebbero meglio. Se non altro, non si farebbero il sangue amaro nel vedere la stupidità galoppante ai vertici delle istituzioni. Nelle antiche monarchie, infatti, poteva succedere che il sovrano, prima di pervenire al timone del regno, venisse educato all'arte di governare. Se ne poteva, in qualche modo, attenuare la stupidità. Inoltre, non dovendo sottostare al volere della maggioranza, poteva pure permettersi di adottare provvedimenti intelligenti. Anche per sbaglio.

I. Con la democrazia questo non può succedere?

S. È molto più difficile. Con la democrazia uno stupido qualsiasi può essere eletto ai massimi uffici del paese. È vero che l'intelligente perviene a occupare le cariche pubbliche, soprattutto quelle di maggior prestigio, più facilmente dello stupido, ma alla sola condizione di adattarsi alla stupidità dominante, poiché gli elettori hanno bisogno di specchiarsi nei propri governanti e di sentirsi rappresentati, e non voterebbero mai qualcuno se solo avessero il minimo sospetto che possa essere intelligente. In questo modo, l'intelligenza del governante passa in secondo piano, serve per consentirgli la conquista del potere, non per il suo esercizio, poiché in ogni sua scelta egli soggiace all'obbligo di piegarsi a decisioni gradite a quella maggioranza che usiamo chiamare silenziosa, ma che nei fatti è semplicemente ottusa. Deve, in parole povere, comportarsi da stupido. Ecco perché spesso chi governa non solo sacrifica l'utilità, ma anche il buon senso, quando questo urta col sentire della maggioranza. Poco importa, per fare un esempio, che gli esperti concordino in maniera unanime sull'inutilità di una legge. Se dalla maggioranza della popolazione quella legge è percepita come utile, non c'è nulla da fare. Teoricamente i governanti potrebbero spiegare i motivi che rendono necessaria la modifica o l'abolizione di tale legge, oppure modificarla o abolirla senza spiegarne le ragioni. Nei fatti però nessuna delle due opzioni è praticabile. Provare a spiegare le motivazioni è impossibile, perché la stupidità parla, anzi straparla, ma non ascolta. Non che non voglia ascoltare, solo che non ne ha l'abitudine, non ci riesce, non è, per così dire, formattata per recepire. La seconda opzione, invece, non sarebbe conveniente. Il provvedimento risulterebbe impopolare e i governanti andrebbero incontro a una perdita di consensi. Alla fine, la soluzione più probabile è che il governo decida di lasciare le cose come stanno, mantenere una norma inutile, o anche controproducente, solo perché la maggioranza non capisce. Questo esempio riassume il senso della democrazia così come la conosciamo oggi e che potremmo definire come il governo degli stupidi, anche quando è composto da persone intelligenti. A lungo andare, poi, come succede con la religione, i governanti finiscono col trovare più vantaggioso governare una massa di stupidi. Da qui ad adoperarsi per mantenere alto il livello della stupidità, il passo è breve.

I. La democrazia è insomma la forma di governo più propizia per la stupidità?

S. Non la democrazia in sé, la democrazia in una società di stupidi. Kant afferma che l'illuminismo rappresenta l'uscita dell'uomo dallo stato di minorità. La democrazia è un abito che andrebbe a pennello all'uomo diventato maggiorenne. Cioè, intelligente. Sappiamo, però, che a uscire dallo stato di minorità sono stati gli illuministi, non l'uomo. L'uomo minore era e tale è rimasto. Quella maggioranza di intelligenti di cui avrebbe bisogno la democrazia per funzionare, allo stato attuale si può considerare ancora un miraggio. La democrazia è come uno strumento prezioso, come uno Stradivari, ma nessuno strumento, nemmeno uno Stradivari, emette melodie in mano a un abbrutito. Per rispondere alla sua domanda, la democrazia sarebbe un ottimo antidoto alla stupidità in società di persone intelligenti, ma diventa un terribile bastone per colpire l'intelligenza in una società di stupidi.

I. Capisco.

S. È un dato di fatto che il progressivo affermarsi della democrazia moderna, in conseguenza del ragionamento fatto prima, abbia spianato la strada alla stupidità. Spesso si accusano i politici di offendere l'intelligenza coi loro ragionamenti, in realtà si stanno solo rivolgendo agli stupidi. Poiché nessun governo può fare a meno del sostegno degli stupidi, per ottenere tale sostegno bisogna non solo assecondarne la volontà, ma scendere anche al loro livello adottandone il linguaggio.

I. In altri termini è come se la politica diventasse una specie di zona *off-limits* per l'intelligenza?

S. In un certo senso sì, con la democrazia la politica diventa un'area nella quale l'intelligenza può muoversi solo sottotraccia, senza farsi riconoscere. In nessun altro settore accadrà che la maggioranza conferisca autorevolezza a qualcosa, poiché, come giustamente è stato detto, la maggioranza non solo non è in grado di distinguere uno scienziato più bravo da uno scienziato meno bravo, ma nemmeno uno scienziato da un ciarlatano. Il fatto che proprio i destini della nazione siano affidati alla maggioranza la dice lunga sull'importanza della stupidità. In questo modo l'intelligenza finisce per operare nel mondo a macchia di leopardo. A piccole macchie, in verità. Il suo ruolo rimane subalterno, lavora, per così dire, per il re di Prussia, cioè per la stupidità. Contribuisce a migliorare molti aspetti pratici, ma i destini della società nel suo insieme rimangono saldamente nelle mani degli stupidi. Prenda un partito formato da una squadra di scienziati, studiosi ed esperti in varie discipline, che proponga un programma atto a migliorare e a far progredire la società, e ne prenda un altro formato da un famoso uomo di spettacolo o da una stella del calcio, nei cui comizi promette mari e monti senza minimamente curarsi della coerenza delle sue affermazioni. Quale dei due, secondo lei, prenderebbe più voti?

I. Immagino il secondo.

S. Ecco, il senso dello stupido per la politica è sintetizzato nell'episodio evangelico del popolo chiamato a scegliere tra Barabba e Gesù. Se si valuta tale episodio con attenzione, si può capire che siamo di fronte a una sorta di iperbole. Il popolo è chiamato a scegliere tra due estremi, un Dio e un brigante. Non si tratta di cogliere sfumature, di individuare la persona un po' più buona da quella un po' meno buona. Si parla di antipodi. E non sono nemmeno camuffati, per cui potrebbe essere difficile individuare quegli indizi che permettano di identificarli, ma stanno lì, coi loro volti in bella mostra. Il popolo può vederli in faccia. Apparentemente sembra una domanda stupida, la risposta appare scontata. Ma Pilato non è stupido, dubita che la risposta sia scontata e ha ragione di dubitare, infatti il popolo indica Barabba. La lettura canonica di questo episodio vuole che il popolo abbia scelto Barabba per errore e si sia poi pentito della propria scelta. Invece no, il popolo lo ha scelto con convinzione, perché lo sente vicino. Il suo linguaggio rude e prosaico è musica per le sue orecchie. Non si è pentito affatto, e ha continuato a sceglierlo nei duemila anni successivi. La cosa veramente difficile da spiegare, semmai, è che abbia potuto eleggere un Gandhi.

I. Qual è l'approccio dello stupido alla politica?

S. Assai semplice. Lo stupido non aderisce a una linea politica, si ferma sulla soglia, diciamo che non va oltre lo slogan. La definizione di *homo politicus* gli sta larga, molto larga. Probabilmente Platone coniò tale espressione in un periodo di prolungato isolamento, altrimenti gli sarebbe bastato guardarsi intorno per aggiungere una seconda categoria, lo *stultus politicus*, con tratti distintivi del tutto diversi da quelli del primo. Lo *stultus politicus*, infatti, non sa ragionare da cittadino, ma solo da tifoso. Per lui la politica è solo la continuazione del campionato con altri mezzi. Quando il fallo è nell'area avversaria è sempre rigore, quando invece avviene nella propria non lo è mai. Il cittadino apprezza un *leader* se ne apprezza le scelte; lo *stultus politicus*, al contrario, si infatua di un *leader*, quindi ne giustifica le scelte. Non giudica l'efficacia dei provvedimenti di un governo caso per caso, come fa qualsiasi persona intelligente, ma in blocco. Se provengono dal suo *leader* sono sempre e comunque giusti, se provengono dagli altri sono sempre e comunque sbagliati. Il cittadino prima valuta e poi vota; lo *stultus politicus* prima vota e poi si lamenta.

I. Sta di fatto che spesso nella politica lo stupido fa carriera.

S. E se ne capisce anche la ragione. Lo stupido ha la risposta sempre pronta. Non si pone il problema se sia quella corretta. In certe attività ciò può essere penalizzante. Sarà difficile vederlo guidare un'equipe di neurochirurghi o a capo di una spedizione in Antartide, e non solo perché non avrebbe alcuna curiosità di sapere cosa ci sia laggiù. In compenso, in altri ambiti, come attirare clienti al mercato o, per l'appunto, fare carriera in politica, la competizione con l'intelligente sarà tutt'altro che scontata. Perché in questo caso la differenza la fa la rapidità, ed è chiaro che lui parta avvantaggiato. È vero che anche l'intelligente potrebbe buttare lì la prima cosa che gli passa per la testa, ma dev'essere molto bravo a non farsi tradire dalla propria intelligenza, che potrebbe lasciar trapelare il dubbio, la mancanza di convinzione, l'elemento cioè decisivo tanto al mercato quanto in parlamento. La convinzione, infatti, è l'arma segreta dello stupido, il *jolly* che si gioca in continuazione.

I. Possiamo stabilire un collegamento tra orientamento politico e stupidità?

S. Sì e no. In questo caso il discorso è un po' più complesso. La stupidità è per sua natura circolare e ripetitiva. Non si smuove. È come l'ignoranza, sazia di sé stessa, e dunque, per forza di cose, reazionaria. L'intelligenza invece, come l'istruzione, è curiosa, aperta al cambiamento, e quindi dovrebbe collocarsi nel fronte progressista. Questo modello, tuttavia, è puramente teorico, non può essere calato pari pari nella pratica politica, dove molti altri fattori entrano in gioco. Innanzi tutto, l'organizzazione di una forza politica accoglie più volentieri lo stupido, per sua natura incline ad essere irregimentato, laddove l'intelligenza porta fatalmente con sé lo stigma dell'eresia. In secondo luogo, bisogna sempre ricordare che, mirando a ottenere il consenso degli stupidi, più un partito diventa popolare, più deve diventare per forza di cose permeabile alla stupidità. Non significa che tutti i partiti siano uguali, come sovente lo stupido ama ripetere, ma solo che sono in misura variabile ostaggio degli stupidi. Insomma, alla fine la legge Malraux/Flaiano trova più o meno analoga applicazione tra le varie forze politiche. La stupidità è trasversale. Così come attraversa le nostre vite, attraversa anche l'orizzonte politico. Ragion per cui, lo stupido può essere di destra, di centro e di sinistra.

I. Tuttavia, si danno alcune idee, e mi riferisco al razzismo, all'antisemitismo, all'omofobia, ecc., nelle quali la stupidità sembra chiaramente farla da padrona.

S. Verissimo. Forse perché inconsciamente timoroso che nella minoranza si possa annidare l'intelligenza, fatto sta che lo stupido odia tutte le minoranze. Tuttavia, mi permetta di aggiungere che è improprio definire *idee* gli orientamenti da lei menzionati. Lo stupido, infatti, è di volta in volta razzista, antisemita, omofobo e così via, come potrebbe essere antigattonero o anticivetta. Aderisce, cioè, a credenze senza capo né coda per una sorta di meccanismo elementare, solo perché nel paesaggio nebbioso della sua mente gli pare di scorgere in lontananza una sagoma potenzialmente minacciosa. Avrebbe lo stesso atteggiamento per qualsiasi cosa. Per esempio, in un paese nel quale lo sport nazionale è il calcio o la pallacanestro, lui non cela il sarcasmo per la minoranza che pratica il cricket. Ma il sarcasmo diventerebbe immediatamente ostilità se la televisione decidesse di trasmettere gare di cricket al posto del calcio o della pallacanestro. La questione di fondo è che per lui la *normalità* non è un'idea fluida e in divenire, non è una somma di diversità, bensì qualcosa di solido, una specie di clava utile principalmente per bastonare gli altri.

6. Social network e mass-media

I. Ha suscitato un ampio dibattito una delle ultime dichiarazioni di Umberto Eco, secondo cui i *social network* hanno dato voce a legioni di imbecilli. È così?

S. Mi pare che questo sia innegabile. Vorrei tuttavia ricordare che, ancor prima dei *social network*, a sdoganare la stupidità e a riconoscerle piena dignità è stata la televisione. Negli ultimi decenni del secolo precedente il piccolo schermo ha, per così dire, assolto a questa *missione* storica. Il successo assicurato di programmi stupidi ha spinto gli autori a sfornarne di sempre più stupidi, finché a un certo punto si è saltato il fosso. Ci si è resi conto che nessuno poteva realizzare programmi a misura di stupidi meglio degli stessi stupidi. Lo stupido, dunque, è stato preso di peso dal divano di casa e collocato dentro il monitor. È diventato protagonista del *reality*. Non c'è stato più bisogno di inventare nulla. Il prodotto era lo stupido stesso. Bastava metterlo davanti alla telecamera, lasciarlo libero di essere sé stesso e il risultato era assicurato. È stato in questo modo che si sono aperte le cateratte e la stupidità è stata liberata da ogni inibizione, tanto che oggi in qualsiasi momento si accenda la tv si ha l'impressione che sia in corso la celebrazione della giornata mondiale dello *stupidity pride*.

I. Hanno quindi ragione coloro che considerano la televisione il luogo della stupidità per eccellenza?

S. Non la televisione, questa televisione. Parliamo pur sempre di uno strumento. È vero che si tratta di uno strumento di comunicazione unidirezionale, nel quale l'utente è portato ad avere un ruolo puramente passivo, per cui meglio di qualunque altro si presta per intrattenere gli stupidi, la cui massima aspirazione è proprio vivere in una perenne condizione di passività. Ma è anche vero che la televisione potrebbe essere il contrario di quella che è trasmettendo programmi capaci di stimolare l'intelligenza. Senonché, questi programmi vengono mandati in onda alle tre di notte o, ultimamente, relegati su appositi canali. Non perché gli intelligenti soffrano d'insonnia o temano di contaminarsi con una rete generalista, bensì perché a vederli rimarrebbero comunque solo quattro gatti.

I. Tutta una questione di numeri, insomma.

S. Precisamente, una televisione intelligente non può puntare a fare *audience* per oggettiva mancanza di pubblico. Dovrebbe piuttosto crearlo. Questo però non può succedere quando l'obiettivo primario della televisione è proprio fare *audience*. In questo caso il programma deve adattarsi alla fascia di pubblico più ampia, e sappiamo cosa ciò significhi. Ma non solo. Se un programma di qualità può stimolare l'intelligenza dello spettatore, ogni puntata di spazzatura rende il pubblico un po' più stupido di quanto già non fosse. La concorrenza tra le varie reti televisive spinge quindi l'intera platea verso il basso. Per raggiungere una fetta maggiore di pubblico occorrerà pensare un programma più stupido del precedente, il quale a sua volta renderà il pubblico un po' più stupido di prima, e così via. In breve, senza possedere le doti di Nostradamus, si può tranquillamente prevedere che il programma più stupido sarà sempre il prossimo.

I. Come se ne esce?

S. Se ne uscirebbe con un semplice gesto: spegnendo la tv. Solo che lo stupido non compirà mai questo gesto, poiché andrebbe incontro alla percezione traumatica del vuoto pneumatico che regna intorno alla sua esistenza. Se ne uscirebbe pure se le varie reti televisive cambiassero la natura dei loro palinsesti. Ma nemmeno ciò può succedere perché sarebbe ovviamente contrario ai loro interessi. Ragion per cui, alla fine si tratta di possibilità puramente teoriche. Quindi, per rispondere alla sua domanda, non se ne esce.

I. Veniamo ai *social network*.

S. Le cateratte liberate dalla televisione si sono riversate sui *social network*, che per la prima volta hanno reso visibili le dimensioni della stupidità. La stupidità è sempre esistita, da che mondo è mondo, ed è sempre stata *social*, ma, per quanto possa apparire paradossale, c'è voluto il mondo virtuale per renderla tangibile in tutta la sua estensione reale. La stupidità è come il mare. Se ne può immaginare la grandezza, ma solo quando ci si trova in mezzo a un oceano ci si rende conto di come sia infinitamente più grande di quel che si era immaginato. Ecco, i *social network* hanno dato la possibilità di navigare in mezzo al mare della stupidità.

I. Un contributo a una sua migliore conoscenza, se vogliamo.

S. Sì, in questo senso i *social network* sono certamente illuminanti, permettono di avere un profilo chiaro dello stupido del terzo millennio, che è diverso rispetto a quello del passato. Se la stupidità è sempre la stessa, negli antichi come nei moderni, in questi ultimi anni ha assunto tratti distintivi nuovi. Si può fare un discorso analogo a quello fatto per l'ignoranza, che, come detto, tende sempre più a identificarsi con la stupidità. Fino a qualche tempo fa, lo stupido aveva come un'oscura percezione della propria stupidità, e ciò lo spingeva a un'istintiva prudenza onde evitare di farsi riconoscere. Oggi invece, forte di questa specie di *format* che gli è stato costruito intorno, ci tiene a essere riconosciuto. Sui *social network* lo si individua, se possibile, ancor più rapidamente che nella vita reale. Aprite il profilo *Facebook* di uno stupido qualsiasi, e lo vedrete palesarsi al mondo celebrando la sua stupidità con dovizia di particolari come se fosse l'arco di trionfo. Vi troverete solo immagini o brevi filmati, infarciti talvolta di piccole perle di saggezza, tipo "la tua Vita sei tu, la tua Forza sei tu", "l'Amore arriva sempre primo", "è bello avere qualcuno che ti capisce guardandoti negli occhi", ecc. Ma a condizione che non superino mai rigorosamente le due righe, perché se vede più di due righe lo stupido si scoraggia e tira dritto. L'aspetto della sua bacheca è quanto di più simile possa esserci al brodo primordiale. Vi si può trovare di tutto, dalla preghiera alla Madonnina all'augurio di vedere affondare un barcone carico di persone. E se uno gli fa notare la contraddizione, lui risponde stranito: quale contraddizione?

I. In che modo lo stupido usa i *social network?*

S. In estrema sintesi, li usa per raccogliere tutta la spazzatura circolante nel *web*. Lo stupido non sa resistere al fascino delle balle. Se le beve tutte d'un fiato come un uovo fresco, fino a sviluppare una specie di dipendenza psicologica. Più ne consuma, più ne vuole sentire; più ne vuole sentire, più ne cerca. Per conseguenza, non solo si fida ciecamente di chi gliele racconta, ma gli è pure grato. Crede a tutte le bufale, anzi, più sono grandi, e più le reputa veritiere e si adopera per diffonderle. In questo modo trasforma la sua bacheca in una grande discarica. Chi vuole avere un'idea di tutte le sciocchezze che intasano il *web* non ha più bisogno di visitare molti siti, gli basta aprire la sua pagina. Al bagaglio tradizionale, che accompagna lo stupido da sempre, fatto di talismani, catene di sant'Antonio, maghi, cure miracolose e numeri al lotto, si aggiungono elementi tipici di questo *medioevo tecnologico* che è la nostra epoca: scie chimiche, vaccini, manipolazioni mentali, ecc. Questi elementi hanno prodotto quella specie di ossimoro vivente che è lo stupido-esperto che oggi imperversa nella rete. Mentre lo stupido comune si sente intelligente, lo stupido-esperto si sente addirittura più intelligente della media, risultando in questo modo una specie di stupido al quadrato. Si è messo in testa di saperne una più del diavolo e si avventura in disquisizioni su temi di cui fino al giorno prima ignorava perfino l'esistenza. Pur non sapendo nemmeno in quale pianeta sia vissuto Galileo, avverte la comunità dei rischi che corre ogni qualvolta un aereo solca il cielo e, pur confondendo Pasteur con un centravanti, discetta di studi che dimostrerebbero come i vaccini siano delle armi di distruzione di massa a effetto differito. Il complottismo è la sua specializzazione. Poiché dietro ogni evento può celarsi un complotto, ragiona, dietro a ogni evento si cela un complotto. Quando gli si fa osservare che esistono anche leggi della fisica che possono venirci incontro, fa una faccia strana, come quello che la sa lunga e non si fa menare per il naso dal primo venuto. Nessun complotto possibile e immaginabile sfuggirà alle sue controdeduzioni, a meno che non ce ne sia uno che miri a renderlo ancora più stupido. Ecco, se ci fosse un complotto di questo tipo, lui non potrebbe mai scoprirlo, per il semplice motivo che lo asseconderebbe nel suo cammino. Non gli sembrerebbe un complotto, ma lo scambierebbe piuttosto per un aiuto.

I. Ma veramente lo stupido si può bere di tutto?

S. Veramente. Per lui non esiste balla grande a sufficienza da risultargli indigesta. Se qualcuno gli offre i numeri vincenti del lotto, lui li compra senza esitazioni, come se comprasse un chilo di mozzarelle. Né prende atto di essere stato turlupinato quando i numeri si rivelano non essere vincenti. Li comprerà una seconda e una terza volta, tutt'al più cambiando fornitore. Solo perché nessuno ha ancora avuto l'idea di mettere in commercio la pietra filosofale, lui non sta a magnificarne i poteri, ma è certo che non appena qualcuno prenderà un pezzo di roccia vulcanica e la smercerà come pietra filosofale, troverete sulla sua bacheca un post intitolato: "quello che non vogliono farvi sapere". Perché il paradosso dello stupido-esperto è tutto racchiuso in questa formula ricorrente. Non sa, pensa che ci sia qualcuno che gli impedisca di sapere e non sa che questo qualcuno è lui stesso. Non capisce di essere la vittima di un complotto del quale è lui il solo artefice. Come se già non fosse prolifico di suo, lo stupido-esperto, con l'impegno che ci mette, svolge una capillare opera di proselitismo, nutrendo e fortificando legioni di aspiranti ignoranti, che peraltro di proselitismo avrebbero poco bisogno, procedendo già spediti da sé.

I. Cosa ne pensa di coloro che, soprattutto su internet, si adoperano attivamente per arginare questo fenomeno, cercando di smascherare bufale e false notizie?

S. Le intenzioni sono sicuramente molto nobili. Quanto ai risultati, invece, il pessimismo si impone. Mi limito a riportare le parole di Montaigne: *la stupidità non è cosa guaribile con parole o con consigli, e il dogma di Egesia - non bisogna odiare o accusare, ma istruire - ha validità altrove.*

7. Stupidità, istruzioni per l'uso

I. Vorrei passare adesso ai risvolti pratici della questione, anche perché credo sia ciò che maggiormente interessa tutti coloro che hanno avuto e, soprattutto, hanno a che fare con uno stupido. Qual è l'atteggiamento corretto da adottare nei confronti della stupidità? Dobbiamo combatterla? tollerarla? subirla?

S. In effetti, sono le domande fondamentali che tutti si pongono di fronte alla stupidità. Cominciamo col dire che la stupidità non si può vincere perché non è curabile. Quando l'uomo avrà sconfitto tutte le malattie e avrà riportato nel vaso di Pandora tutto ciò che ne uscì all'inizio, l'ultima che gli rimarrà da ricacciare dentro sarà lei. Provare a combatterla, dunque, equivarrebbe a vivere in guerra permanente col mondo. Scrive ancora Montaigne: *La stupidità è una brutta qualità ma il non poterla sopportare, come mi* *succede, è una malattia non meno importuna forse della stupidità stessa.* Sarebbe tuttavia ugualmente sbagliato subirla, perché per la persona intelligente equivarrebbe a negare la propria intelligenza. È nella tolleranza quindi che va cercata la soluzione. Se non la si può sconfiggere, diventa necessario imparare a conviverci. Bisogna sapere di volta in volta inquadrare le manifestazioni del fenomeno, prendere gli opportuni accorgimenti e, cosa più importante, stabilire le giuste distanze. Temerla, invece, si deve. Anzi, l'errore che più spesso si commette è quello di non temerla abbastanza. Nella sua stupidità lo stupido è imprevedibile. L'errore più frequente che l'intelligente possa commettere, quando si trova ad avere a che fare con uno stupido, è cercare di prevederne le mosse, reputando di poter immaginare la cosa più stupida che questi possa fare. Puntualmente lo stupido lo smentirà dimostrando di essere capace di farne una ancora più stupida. Per questo motivo bisogna stare in guardia e ricordarsi sempre che nessuno è tanto intelligente da poter prevedere quanto possa essere stupido uno stupido.

I. Bene, come ci si convive allora? Esiste un decalogo per proteggersi dalla stupidità?

S. Un decalogo vero e proprio ancora non c'è, probabilmente proprio a causa della natura imprevedibile del fenomeno. Ci sono però degli accorgimenti che permettono di limitarne l'impatto sulla propria vita. La prima virtù che si richiede è la pazienza, che del resto non manca mai alla persona intelligente. Dato per scontato che nessuna persona intelligente sarà mai mossa dal desiderio di andare a fare conoscenza di uno stupido, saranno le circostanze a metterla in contatto con lui: può capitarle di incontrarlo nel tempo libero, al lavoro o, nei casi più sfortunati, di viverci sotto lo stesso tetto. Cominciamo col primo caso, lo stupido che si incontra quotidianamente al bar, in palestra o in altri luoghi simili. Se si potesse eliminare il "quotidianamente" sarebbe già un bel passo in avanti. È vero che certe volte lui ti compare davanti all'improvviso, ma tante altre volte lo si vede sopraggiungere e quindi si possono mettere in atto manovre di aggiramento. Quando ciò non riesce e ci si trova invischiati in conversazione con lui, la cosa più saggia da fare è dargli ragione. Se si riesce a dargli ragione prima che la conversazione abbia inizio, tanto di guadagnato. Inutile ricordare che i momenti trascorsi a conversare con uno stupido sono tempo perso, equivalgono nella vita di una persona intelligente a ciò che per i viaggiatori sono i tempi morti negli aeroporti o nelle stazioni. Lo stupido ti toglie tempo, ti toglie parole, ti toglie energia. In una parola, ti toglie *vita*. Ecco perché diventa di primaria importanza evitare ogni contatto sul nascere. Fortunatamente, a differenza di quel che accade con altre categorie di persone, come truffatori o disonesti, è riconoscibile fin dal primo istante. Come detto prima, porta ben leggibile il marchio impresso in fronte. Capiterà di lamentarsi «non pensavo che tizio fosse un disonesto», ma mai «non pensavo che tizio fosse uno stupido». Tutt'al più, ci si potrà sbagliare nella misura, «non pensavo che tizio fosse tanto stupido». Ecco perché per non correre rischi la stupidità va sempre stimata per eccesso. Si andrà sul sicuro. Al massimo, accadrà di accorgersi che l'eccesso non era ancora abbastanza.

I. A volte però ve ne sono alcuni di cui è proprio difficile liberarsi.

S. Sì, nei casi limite, cioè di stupidi che sembra non possano fare a meno di voi e che vi ritrovate sempre addosso, si impone la rottura del rapporto. Non in maniera traumatica, poiché in questi casi lo stupido è simile a una zecca, la quale se la si strappa bruscamente può anche causare effetti spiacevoli. Lo stupido va fatto scivolare via, togliendogli la presa, mettendo una goccia d'olio come si usa per l'appunto fare con certi parassiti. In sostanza, deve sembrargli che sia lui a decidere di andarsene e non voi che lo state mandando via. Ad ogni modo, meglio un nemico intelligente che un amico stupido. Ma questo l'hanno già detto in molti. Posso solo aggiungere: cento volte meglio. La situazione invece si complica un po' quando la vicinanza è dovuta a un rapporto di lavoro, poiché non solo le occasioni di contatto saranno molto più frequenti, ma perché può capitare di essere costretti pure a lavorarci gomito a gomito. Impresa non da poco, essendo lo stupido refrattario al convincimento, e quando s'intestardisce nemmeno Aristotele riuscirebbe a persuaderlo, né più né meno dell'asino, che quando s'impunta non c'è verso di smuoverlo di un centimetro. E proprio come se si abbia di fronte un asino ci si dovrà comportare. Per indurlo a muoversi nella direzione desiderata bisogna fare in modo che proceda con le proprie gambe, mettergli cioè la soluzione sotto il naso in maniera che pensi di averla trovata lui. Questo deve avvenire con maggiore cautela se avete la doppia disgrazia che lo stupido in questione sia un vostro superiore, poiché, essendo il suo ego inversamente proporzionale al cervello, notevole sarà pure la sua suscettibilità.

I. E quando invece ci capita di averlo dentro le pareti domestiche?

S. Questo è ovviamente il caso più spiacevole e delicato, anche perché alla base della convivenza possono esserci motivi affettivi o situazioni che rendono comunque impossibile attuare tutte le strategie precedentemente enunciate. In questi casi la strada obbligata è quella della pazienza. Bisogna però fare bene attenzione che non sfoci nell'autolesionismo, cosa che molto spesso succede. Essere stupidi può essere un'attenuante, l'importante è che non diventi una giustificazione. Pertanto, la persona intelligente deve mantenere la lucidità necessaria per ricordarsi di avere accanto uno stupido, onde evitare il generarsi di quella situazione verso cui inevitabilmente in questi casi si tende: la sottomissione alla stupidità. Perché, se è vero che da una parte la stupidità irrita, è altrettanto vero che dall'altra commuove, e con la scusa di dire ogni volta "poverino, non è colpa sua", a lungo andare la persona intelligente può pure dimenticare di essere tale. Bisogna essere quindi intelligenti per due, o, nei casi più sfortunati, anche per tre, per evitare questo rischio.

I. Viene da domandarsi come potrà mai sopravvivere l'intelligente in un mondo di stupidi.

S. Beh, in effetti le opzioni non sono molte. La scelta peggiore è sicuramente quella di continuare a parlare e ad agire da persona intelligente, poiché vi è il rischio concreto di andare incontro all'ostilità della società, della religione e dello stato, o il più delle volte di tutt'e tre insieme, dato che parliamo di tre facce di un unico corpo. Basta vedere le sorti di Socrate e Galileo per rendersi conto di quanto possano essere grandi tali inconvenienti. Ma non serve nemmeno portare l'esempio di personalità eccezionali, ognuno vede chiaramente come la persona intelligente, pur senza andare incontro a destini altrettanto tragici, tenda a destare sospetto e diffidenza. Viceversa, gli stupidi rassicurano, possiedono il misterioso potere di apparire prevedibili. Anche se nei fatti sono delle mine vaganti che possono farti saltare in aria in qualsiasi momento, molti presumono di sapere dove possano andare a parare, ciò di cui sono e ciò di cui non sono capaci, e la tranquillità che trasmettono, seppure ingannevole, li rende alla fine pure simpatici. Per la persona intelligente, dunque, le opzioni più sensate sono due: lasciare perdere tutto e ritirarsi dal mondo, oppure, se in questo mondo si vuole continuare a vivere, camuffare la propria intelligenza e mascherarsi da stupido.

I. Ma cosa pensa lo stupido delle persone intelligenti?

S. Cominciamo col dire che lo stupido prova una naturale repulsione nei confronti dell'intelligenza. Davanti a un discorso intelligente lo stupido si annoia. Lo assale un moto ondoso di sbadigli. Gli viene l'emicrania. Una vera e propria sofferenza. Come se qualcuno gli tirasse fuori il cervello dalla scatola cranica e cominciasse a palleggiarci nella stanza. Alla fine, rimane prostrato e privo di forze. È molto più fresco dopo una maratona di quanto non lo sia dopo dieci minuti di ragionamento. Nello stesso tempo però ammira l'intelligenza, in quanto sa che le cose che contribuiscono a rendere più facile la sua vita derivano da lei. In sostanza, lo stupido apprezza l'intelligenza in astratto, ma la disprezza in concreto nelle persone intelligenti che gli si trovano di fronte. Anche perché avverte queste persone, giustamente, come minacce per le proprie credenze e le proprie abitudini, e quindi per l'ordine stesso della sua esistenza. Mi pare esemplificativo di questo sentire un recente sondaggio nel quale si chiedeva ai genitori quale fosse la qualità che avrebbero desiderato per i loro figli. La stragrande maggioranza indicava proprio l'intelligenza. Salute, soldi, successo, ecc. sono rimasti piuttosto distanziati. Ora, poiché, come detto, non solo la maggioranza delle persone è composta da stupidi, ma lo è anche la maggioranza della minoranza delle persone intelligenti, se ne può trarre la ragionevole conclusione che lo stupido veda nell'intelligenza la dote fondamentale. In ciò ragionando, per l'appunto, da stupido, in quanto addebita al suo essere stupido anziché ad altre ragioni il non aver raggiunto gli obiettivi che avrebbe voluto raggiungere. Non che salute, soldi e successo non gli interessino, gli interessano eccome, ma pensa di portarsele a casa tutt'e tre a buon mercato, con una sola cosa: l'intelligenza. In tal modo ragionando, credendosi furbo, offre soltanto doppia conferma del suo essere stupido, in quanto oltre all'errore sopra ricordato, ne commette anche un secondo, quello di credere che l'intelligenza sia un *passe-partout* per il successo piuttosto che un *handicap*, come invece si rivela spesso essere in un mondo di stupidi. Non a caso si usa l'espressione "fare il fesso" riferendosi a chi finge di non capire per non pagare dazio, poiché da fesso ottiene quello che da intelligente gli riuscirebbe più difficile ottenere. Lo stupido è convinto che l'intelligenza apra tutte le porte. Invece è vero esattamente il contrario. È la stupidità ad aprire tutte le porte, l'intelligenza semmai le chiude. Uno stupido può arrivare ovunque, nessun obiettivo gli è precluso. Se solo non è tanto stupido da non accorgersi di avere tutte le porte aperte, può anche diventare presidente degli Stati Uniti e ottenere pure un secondo mandato, come la storia di George W. dimostra.

8. Stupidità ed evoluzione

I. Vorrei concludere la nostra chiacchierata parlando della stupidità della specie. Mi sono domandato spesso se basta, come di solito facciamo, definire l'uomo "animale intelligente" per metterlo al di sopra di tutti gli altri animali?
S. Dipende. Se consideriamo la sua capacità di astrazione, la sua superiorità rispetto alle altre specie viventi potrebbe apparire scontata. Se però poi si tiene conto dei fatti, ci si accorge che si tratta di una semplificazione. Se si fa un confronto tra l'organizzazione sociale dei lupi o delle api, per fare un esempio, con quella dell'Arabia Saudita, oppure tra la capacità di godere della vita dei delfini o degli scimpanzé coi riti dei flagellanti medievali o con le mutilazioni genitali, qualche dubbio viene, per cui ci andrei piano con affermazioni troppo nette. Se su un piatto

mettiamo il telefonino o il computer, sull'altro non ci dobbiamo scordare di mettere il cilicio o le macchine di tortura. Senza contare che l'uomo è anche l'unico animale che deteriora l'ambiente in cui vive, nonché il solo ad avere messo a punto strumenti idonei a distruggerlo e a causare la propria stessa estinzione. Forse sarebbe allora più corretto riconoscere che la specie umana è più intelligente per alcuni aspetti e più stupida per altri, oppure la specie più intelligente che sovente vive peggio della più stupida.

I. Ciò che lei dice mi sembra avere delle implicazioni anche sul concetto di evoluzione.

S. Sì, soprattutto quando si parla di evoluzione il rischio della semplificazione è in agguato. Si ritiene comunemente molto più evoluta una società in cui si viaggia in aereo rispetto a quella in cui si viaggiava in carrozza, trascurando in questo modo l'elemento fondamentale, cioè il passeggero. Ma si può effettivamente considerarla più evoluta se, come abbiamo detto prima, il passeggero è sempre lo stesso, se pensa e agisce allo stesso modo? Bisogna dunque intendersi sul concetto di evoluzione. Mettere l'uomo delle caverne su un aereo è un tipo di evoluzione; cambiare il modo di pensare e di agire dell'uomo delle caverne è un altro tipo di evoluzione, molto più difficile del primo e destinato a interessare i grandi numeri lentissimamente, tanto da non apparire nemmeno visibile nell'arco dei millenni. Per imparare a usare un nuovo telefonino basta qualche settimana, per apprendere la sapienza di Socrate non sono bastati duemila anni.

I. In questo modo è come se la forbice tra le conquiste dell'intelligenza e la stupidità collettiva si allargasse sempre di più?

S. È un dato di fatto. Ma non solo. Le conquiste dell'intelligenza rendono lo stupido più pericoloso. Inutile girarci intorno. Un esercito munito di spade e archi poteva metterci dei mesi per espugnare una città, senza perciò distruggerla e sterminare tutti i suoi abitanti. A un esercito che dispone di una bomba atomica bastano un paio d'ore per cancellarla insieme a ogni altra forma di vita.

I. Quale rapporto intercorre tra intelligenza ed evoluzione?

S. Per rispondere a questa domanda, che poi ci porta alla radice della discussione, partirei con la riflessione di un famoso psichiatra. Un generale stupido attacca frontalmente il nemico, senza stare a pensarci due volte. Un generale più intelligente pensa che il nemico si attenda un attacco frontale e allora decide di attaccarlo ai fianchi. Un generale molto intelligente pensa che il nemico si attenda un generale intelligente che non agisca in maniera prevedibile e che lo attacchi ai fianchi, ragion per cui decide di attaccarlo frontalmente. Alla fine, dunque, il generale molto intelligente finisce per adottare la stessa strategia dello stupido. A che serve allora essere molto intelligenti se per vincere la guerra bisogna comportarsi da stupidi? A nulla. Evidentemente. Al di là dell'esempio, la mia opinione è che l'intelligenza sia un errore della specie. Rendendo lo stupido più pericoloso, l'intelligenza nuoce alla specie fino a metterne a repentaglio l'esistenza stessa. È vero che è in virtù di questo errore che la specie si evolve, ma si evolve in maniera squilibrata, non solo facendo salire sull'aereo l'uomo delle caverne, ma affidandogli addirittura i comandi. I ritmi imposti dall'intelligenza sono troppo alti, la specie umana non riesce a starvi dietro. Anche se, come ogni altra specie, è fatta per evolversi, i suoi tempi non hanno nulla a che vedere con quelli dell'intelligenza. Del resto, che questo discorso non sia mera speculazione e che l'eccessiva intelligenza sia antievolutiva è un principio sostenuto anche dagli scienziati, e, riflettendoci un po', lo capisce pure chi scienziato non è. Un'intelligenza eccessiva, dicono gli scienziati, può ritorcersi contro la specie. Innanzi tutto, per un fattore puramente fisico. Un cervello troppo grande renderebbe l'essere umano impacciato nei movimenti, mettendone a rischio la sopravvivenza, come accade in un vecchio film con David Niven, intitolato per l'appunto *Il cervello*, nel quale il protagonista tende a essere tradito proprio perché l'eccessiva consistenza della sua materia grigia gli fa inclinare la testa da un lato. Si tratta allora di accordarsi su cosa intendere per *eccessivo*. Ecco, secondo me, un'intelligenza che sviluppa una bomba atomica che poi uno stupido avrà la facoltà di sganciare è *eccessiva*. Ma c'è anche l'aspetto psicologico. Un pensiero troppo elaborato rischierebbe di risultare paralizzante e impedirebbe di superare le situazioni critiche cui di volta in volta ci si trova di fronte. Domani probabilmente si faranno altre scoperte. Magari a un certo punto si scoprirà che nel cervello dello stupido ci sono alcune aeree deputate a neutralizzare tutti i punti interrogativi. Chissà. Si potrebbe pure dire, mutando prospettiva, che l'intelligenza è una cosa positiva in quanto difende una causa nobile che però non è riconosciuta come tale dal mondo, ma ciò non cambia il senso della questione, e cioè che nel mondo è cascata male.

I. Sarebbe allora la stupidità piuttosto che l'intelligenza ad assicurare l'evoluzione della specie?

S. Può apparire paradossale, ma è così. In virtù della sua intrinseca semplicità, si riproduce e si adatta all'ambiente molto più rapidamente. Mentre l'intelligente ha bisogno di formarsi, di affinarsi e perfezionarsi, di mettere e mettersi in discussione, ritornare sui propri passi e riflettere, lo stupido viene per così dire prodotto bell'e pronto. E viene prodotto così ovunque. Non solo la mamma dello stupido è sempre incinta, ma è anche cosmopolita. Lo stupido si integra immediatamente dovunque lo depositiate. Mentre la persona intelligente opera a 360°, per cui spesso fatica a orientarsi, lo stupido procede con un angolo visuale di 30 o al massimo 40°, come un mulo con i paraocchi, con la sola differenza, rispetto al mulo, di essere estremamente prolifico. Il fatto di vedere poco e capire meno gli impedisce di sviluppare quella qualità dell'animo che sulla salute ha effetti fortemente deleteri: la sensibilità. La qual cosa lo mette al riparo da tutta una serie di disturbi. Non sentirete mai di uno stupido colpito da una malattia psicosomatica. Anzi, di tutto ciò che attiene alla sfera semantica della prima parte della parola non gli accadrà mai nulla.

I. Un'ultima domanda. Perché, secondo lei, non è stato mai fatto uno studio scientifico sulla stupidità? Perché nessuno ha mai pensato di scriverne la storia o una fenomenologia?

S. In effetti, come succede per tutti i temi che hanno un ruolo centrale nell'esistenza umana, come per esempio il sesso o l'alimentazione, dovrebbe esserci una letteratura sterminata sulla materia, visto che la stupidità è la cosa più presente in questo mondo e gli stupidi rappresentano la categoria di persone con la quale si viene maggiormente a contatto nel corso della vita. Invece non c'è quasi nulla. Quasi un secolo addietro, Musil riferiva di aver trovato una sola trattazione sull'argomento, una conferenza di un discepolo di Hegel, né negli ultimi decenni c'è stato granché. La spiegazione è semplice: non si sa da che parte cominciare perché la stupidità sfugge alla comprensione. Non funziona secondo delle regole o delle leggi, ma è continuamente imprevedibile, sempre uguale ma sempre diversa. "Il mondo è fatto così" si sentirà ripetere chi prova a indagarla o a mettere in discussione le convenzioni sulle quali si poggia. Una formula lapidaria per dire che pensare di poterla spiegare è solo un misto di presunzione e follia, e come tale viene accolto. All'annuncio del titolo della conferenza citata (*Della stupidità*), i presenti scoppiarono in una sonora risata.

Indice

1. Che cos'è la Stupidità?   7

2. Stupidità e società.   15

3. Stupidità e scuola   23

4. Religione   29

5. Politica   39

6. Social network e mass-media   49

7. Stupidità, istruzioni per l'uso   57

8. Stupidità ed evoluzione   65

OMBand Digital Editions

1. Alberto Camì, *Breve matrimonio di Benito, e morte*
2. Enrico Quarto, *Le maschere*
3. Pavel I. Smirnov, *Il mio regno non è di questo mondo*
4. Enrico Quarto, *Il sogno del prete*
5. Giovanni Messina, *Elogio del paradosso*
6. Michel de Montaigne, *Il piacere di vivere*
7. Serena Bianchi, *Cliccare Obbedire Combattere*
8. Giovanni Messina, *I nove comandamenti*
9. Giovanni Messina, *Lo scrittore Heinrich*
10. Giovanni Messina, *Diario di una guerra quasi giusta*
11. Giovanni Messina, *Storia di un ristorante italiano in Cina*
12. *L'esprit* (Le più belle massime della letteratura francese)
13. François Rabelais, *Lode al debito*
14. Voltaire, *L'abc della filosofia*
15. Enrico Quarto, *Diamanti*
16. Anatole France, *Nel giardino di Epicuro*
17. Duca de Saint-Simon, *Questa puttana mi farà morire*
18. Giovanni Messina, *Intervista alla Stupidità*
19. Giovanni Messina, *Delocalizziamo la vita*
20. Italo Svevo, *La novella del buon vecchio e della bella fanciulla*
21. Italo Svevo, *L'assassinio di via Belpoggio*
22. Octave Mirbeau, *La vacca picchiettata e altre strane storie*
23. Luigi Pirandello, *Così è (se vi pare)*
24. Luigi Pirandello, *Il berretto a sonagli*
25. Luigi Pirandello, *Il giuoco delle parti*
26. Luigi Pirandello, *Pensaci, Giacomino!*
27. Luigi Pirandello, *Liolà*
28. Carlo Goldoni, *La bottega del caffè*
29. Carlo Goldoni, *Le smanie per la villeggiatura*
30. *Le più belle poesie di Gabriele D'Annunzio*
31. Carlo Goldoni, *La Locandiera*
32. Italo Svevo, *Corto viaggio sentimentale*
33. Luigi Pirandello, *Tre atti unici*
34. Federigo Tozzi, *Con gli occhi chiusi*
35. Luigi Pirandello, *Sei personaggi in cerca d'autore*
36. Luigi Pirandello, *Uno, nessuno e centomila*
37. Luigi Pirandello, *Enrico IV*
38. Carlo Goldoni, *Il servitore di due padroni*
39. Dino Campana, *Canti Orfici*
40. Vittorio Alfieri, *Della tirannide*
41. Alessandro Manzoni, *Storia della colonna infame*
42. Luigi Pirandello, *Il fu Mattia Pascal*
43. Niccolò Machiavelli, *Mandragola*
44. Giacomo Leopardi, *Operette morali*
45. Pedro Calderón de la Barca, *La vita è sogno*
46. Italo Svevo, *Senilità*
47. Italo Svevo, *La coscienza di Zeno*
48. *Le più belle poesie d'amore di Torquato Tasso*

49. Niccolò Machiavelli, *Il Principe*
50. Giacomo Leopardi, *Pensieri*
51. Luigi Capuana, *Il marchese di Roccaverdina*
52. Grazia Deledda, *Canne al vento*
53. Dante Alighieri, *Vita nuova*
54. Giovanni Verga, *Storia di una capinera*
55. Giovanni Verga, *I Malavoglia*
56. Edmondo De Amicis, *Cuore*
57. Carlo Goldoni, *Il ventaglio*
58. Lev Tolstoj, *Sonata a Kreutzer*
59. Lev Tolstoj, *La morte di Ivan Il'ič*
60. Luigi Pirandello, *I quaderni di Serafino Gubbio operatore*
61. Giovanni Verga, *La Lupa*
62. Giovanni Verga, *Una peccatrice*
63. Emilio De Marchi, *Il cappello del prete*
64. Italo Svevo, *Una vita*
65. Federigo Tozzi, *Bestie*
66. Fëdor Dostoevskij, *Le notti bianche*
67. Edmondo De Amicis, *Amore e ginnastica*
68. Luigi Pirandello, *Questa sera si recita a soggetto*
69. Luigi Pirandello, *L'esclusa*
70. Grazia Deledda, *La madre*
71. Grazia Deledda, *Elias Portolu*
72. Arthur Schopenhauer, *Sul valore del giudizio degli altri*
73. Gabriele D'Annunzio, *Il fuoco*
74. Gabriele D'Annunzio, *Il piacere*
75. Giovanni Verga, *Eros*
76. Vittorio Alfieri, *Vita*
77. Vittorio Alfieri, *Mirra*
78. Gaetano Carlo Chelli, *L'eredità Ferramonti*
79. Matilde Serao, *Leggende napoletane*
80. Matilde Serao, *Il paese di Cuccagna*
81. Lev Tolstoj, *I racconti di Sebastopoli*
82. Federigo Tozzi, *Il podere*
83. Giovanni Verga, *Cavalleria rusticana*
84. Giovanni Verga, *Mastro-don Gesualdo*
85. Laurence Sterne, *Viaggio sentimentale*
86. Carlo Goldoni, *Il teatro comico*
87. Luigi Pirandello, *La favola del figlio cambiato*
88. Italo Svevo, *Una burla riuscita*
89. Matilde Serao, *Il ventre di Napoli*
90. Luigi Capuana, *Giacinta*
91. Ugo Foscolo, *Ultime lettere di Jacopo Ortis*
92. Søren Kierkegaard, *Diario del seduttore*
93. Giovanni Verga, *Eva*
94. Voltaire, *Candido*
95. Charles Dickens, *Canto di Natale*
96. Cesare Pavese, *Tra donne sole*
97. Cesare Pavese, *Dialoghi con Leucò*
98. Cesare Pavese, *La bella estate*
99. Cesare Pavese, *La luna e i falò*
100. Cesare Pavese, *Paesi tuoi*

101. Cesare Pavese, *La casa in collina*
102. Cesare Pavese, *Tutti i romanzi*
103. Luigi Pirandello, *I giganti della montagna*
104. Luigi Pirandello, *Il piacere dell'onestà*
105. Giovanni Verga, *Vita dei campi*
106. Arthur Schopenhauer, *La ricerca della felicità*
107. Cesare Beccaria, *Dei delitti e delle pene*
108. Iginio Ugo Tarchetti, *Fosca*
109. *Le più belle poesie di Trilussa*
110. Federigo Tozzi, *Tre croci*
111. Honoré de Balzac, *Papà Goriot*
112. Cesare Pavese, *Il carcere*
113. Giacomo Leopardi, *Canti*
114. Charles Baudelaire, *I fiori del male*
115. Aleksandr Puškin, *La dama di picche*
116. Antonio Pigafetta, *Relazione del primo viaggio intorno al mondo*
117. Grazia Deledda, *Marianna Sirca*
118. Luigi Pirandello, *Come tu mi vuoi*
119. Luigi Pirandello, *La nuova colonia*
120. Luigi Pirandello, *Lazzaro*
121. Cesare Pavese, *Il compagno*
122. Carlo Goldoni, *La vedova scaltra*
123. Carlo Goldoni, *La famiglia dell'antiquario*
124. Honoré de Balzac, *Eugénie Grandet*
125. Francesco Guicciardini, *Ricordi*
126. Cletto Arrighi, *La Scapigliatura e il 6 febbrajo*
127. Niccolò Machiavelli, *L'arte della guerra*
128. Giovanni Boccaccio, *Trattatello in laude di Dante*
129. Cesare Pavese, *La spiaggia*
130. Giovanni Della Casa, *Galateo*
131. Fëdor Dostoevskij, *Povera gente*
132. Karl Marx e Friedrich Engels, *Manifesto del Partito comunista*
133. Giovanni Verga, *Novelle rusticane*
134. Cesare Pavese, *Feria d'agosto*
135. Anonimo, *Il Novellino*
136. Salvatore Di Giacomo, *Mattinate napoletane*
137. Torquato Tasso, *Aminta*
138. Giovanni Pascoli, *Myricae*
139. Giovanni Pascoli, *Canti di Castelvecchio*
140. Erasmo da Rotterdam, *Elogio della follia*
141. Cesare Pavese, *Il diavolo sulle colline*
142. Giovanni Messina, *Abolire il suffragio universale*
143. Dino Compagni, *Cronica*
144. Vittorio Alfieri, *Saul*
145. Dante Alighieri, *Il Fiore – Detto d'Amore*
146. Benvenuto Cellini, *Vita*
147. Matilde Serao, *L'infedele*
148. Lev Tolstoj, *La confessione*
149. Luigi Pirandello, *Le più belle novelle*
150. Oscar Wilde, *Il fantasma di Canterville*
151. Ivan S. Turgenev, *Padri e figli*
152. Luigi Pirandello, *Ciascuno a suo modo*

153. Oscar Wilde, *Il ritratto di Dorian Gray*
154. Jerome K. Jerome, *Tre uomini in barca*
155. Luigi Pirandello, *Il turno*
156. Henrik Ibsen, *Casa di bambola*
157. Gabriele D'Annunzio, *Trionfo della morte*
158. Gabriele D'Annunzio, *L'innocente*
159. John Stuart Mill, *Saggio sulla libertà*
160. Jack London, *La peste scarlatta*
161. Francesco Jovine, *Le terre del Sacramento*
162. Giovanni Pascoli, *Il fanciullino*
163. Carlo Goldoni, *Il cavaliere e la dama*
164. Camillo Boito, *Senso*
165. Henry James, *Il giro di vite*
166. Herman Melville, *Moby Dick*
167. Giacomo Casanova, *Il duello*
168. Ugo Foscolo, *Dell'origine e dell'ufficio della letteratura*
169. Johann Wolfgang Goethe, *I dolori del giovane Werther*
170. Alessandro Manzoni, *Adelchi*
171. Errico Malatesta, *L'anarchia*
172. Italo Svevo, *Racconti*
173. Tommaso Campanella, *La città del sole*
174. Luigi Pirandello, *I vecchi e i giovani*
175. Daniel Defoe, *Moll Flanders*
176. Emilio De Marchi, *Demetrio Pianelli*
177. Giacomo Leopardi, *Discorso sopra lo stato presente dei costumi degl'Italiani*
178. Lorenzo Da Ponte, *Don Giovanni*
179. Silvio Pellico, *Le mie prigioni*
180. Cesare Pavese, *Le più belle poesie d'amore*
181. Ugo Foscolo, *Poesie*
182. Gabriele D'Annunzio, *Le vergini delle rocce*
183. Gabriele D'Annunzio, *Giovanni Episcopo*
184. Pietro Aretino, *Sonetti lussuriosi*
185. Giovanni Pascoli, *Minerva oscura*
186. Dante Alighieri, *Inferno (con le 53 illustrazioni di Gustave Doré)*
187. Johann Wolfgang Goethe, *Le affinità elettive*
188. Henrik Ibsen, *Hedda Gabler*
189. Alessandro Manzoni, *I promessi sposi*
190. Torquato Accetto, *Della dissimulazione onesta*
191. Carlo Goldoni, *I rusteghi*
192. Grazia Deledda, *Il vecchio della montagna*
193. Grazia Deledda, *Cosima*
194. Vittorio Alfieri, *Antigone*
195. Robert Louis Stevenson, *L'isola del tesoro*
196. Lev Tolstoj, *Denaro falso*
197. Sofocle, *Edipo re*
198. Luigi Pirandello, *Ma non è una cosa seria*
199. Antonio Gramsci, *La questione meridionale*
200. Marco Polo, *Il Milione*
201. Bartolomeo de Las Casas, *Brevissima Relazione della distruzione delle Indie*
202. Iginio Ugo Tarchetti, *Racconti fantastici*
203. Guido Gozzano, *Verso la cuna del mondo*
204. Giovanni Messina, *Anatomia dell'antiscuola*

205. Baldassarre Castiglione, *Il libro del Cortegiano*
206. Grazia Deledda, *Cenere*
207. Niccolò Machiavelli, *Il Principe (Edizione illustrata con i ritratti dei personaggi storici)*
208. Niccolò Machiavelli, *Discorsi sopra la prima deca di Tito Livio*
209. Scipio Slataper, *Il mio Carso*
210. Charlotte Brontë, *Jane Eyre*
211. Samuel Taylor Coleridge, *La ballata del vecchio marinaio*
212. Dante Alighieri, *Convivio*
213. Carlo Goldoni, *Le femmine puntigliose*
214. Carlo Goldoni, *Il campiello*
215. Antonio Fogazzaro, *Piccolo mondo antico*
216. Gabriele D'Annunzio, *Notturno*
217. Luigi Pirandello, *Suo marito*
218. Voltaire, *Zadig*
219. Epitteto, *Manuale* (Traduzione di Giacomo Leopardi)
220. Confucio, *Dialoghi*
221. Luigi Pirandello, *L'umorismo*
222. Platone, *Apologia di Socrate*
223. Giosuè Carducci, *Rime nuove*
224. Giosuè Carducci, *Odi barbare*
225. Edmondo De Amicis, *La maestrina degli operai*
226. Edmondo De Amicis, *Sull'oceano*
227. Emilio Salgari, *Le tigri di Mombracem*
228. Giovanni Boccaccio, *Elegia di Madonna Fiammetta*
229. Poggio Bracciolini, *Facezie*
230. Giuseppe Parini, *Dialogo sopra la nobiltà*
231. Friedrich Nietzsche, *Così parlò Zarathustra*
232. Friedrich Nietzsche, *Ecce homo*
233. Emilio De Marchi, *Arabella*
234. Antonio Fogazzaro, *Malombra*
235. Nikolaj Gogol', *Il cappotto*
236. Nikolaj Gogol', *Taras Bul'ba*
237. Giuseppe Cesare Abba, *Da Quarto al Volturno*
238. Francesco Petrarca, *Trionfi*
239. Federico De Roberto, *L'imperio*
240. Emilio Salgari, *Il corsaro nero*
241 Friedrich Nietzsche, *Il crepuscolo degli idoli*
242. Sofocle, *Antigone*
243. Euripide, *Le Baccanti*
244. Euripide, *Medea*
245. Guido Gozzano, *I colloqui*
246. Federico De Roberto, *L'illusione*
247. Friedrich Nietzsche, *L'anticristo*
248. William Shakespeare, *Il mercante di Venezia*
249. William Shakespeare, *Macbeth*
250. William Shakespeare, *Coriolano*
251. William Shakespeare, *Otello*
252. Friedrich Nietzsche, *La nascita della tragedia*
253. Giovanni Verga, *Tigre reale*
254. Giovanni Verga, *Il marito di Elena*
255. Edmondo De Amicis, *Costantinopoli*

Sono passati più di cinquant'anni da quando Don Milani esprimeva nella sua *Lettera ad una professoressa* la richiesta di una scuola in linea col dettato costituzionale, nella quale cioè l'accesso all'istruzione non fosse condizionato dalla classe sociale di appartenenza, perché se non riesce a recuperare gli alunni più svantaggiati la scuola diventa come "un ospedale che cura i sani e respinge i malati". Eppure, ancora oggi, quello che le statistiche ci dicono è che chi nasce povero ha sempre più probabilità di rimanere tale per tutta la vita. La nostra scuola non riesce a essere luogo e occasione di riscatto sociale. Al contrario, somiglia sempre più a un ospedale che non cura i malati e ammala i sani. Seguendo le varie riforme e il conseguente profluvio di norme di questi ultimi decenni, il presente *pamphlet* si sofferma sulle molteplici contraddizioni e sui tanti paradossi di quella che ormai è diventata una vera e propria antiscuola: dalla diffusione di modelli pedagogici iperprotettivi e deresponsabilizzanti alla crescente burocratizzazione dell'insegnamento; dall'adozione del linguaggio e dei modelli dell'economia e del management, che snaturano sempre più l'identità dell'istituzione scolastica e non di rado sconfinano nel grottesco, alla mancanza di progettualità da parte della classe politica, con la conseguente tendenza a occuparsi di scuola solo in maniera estemporanea e propagandistica.

Giovanni Messina

È difficile oggi essere di sinistra

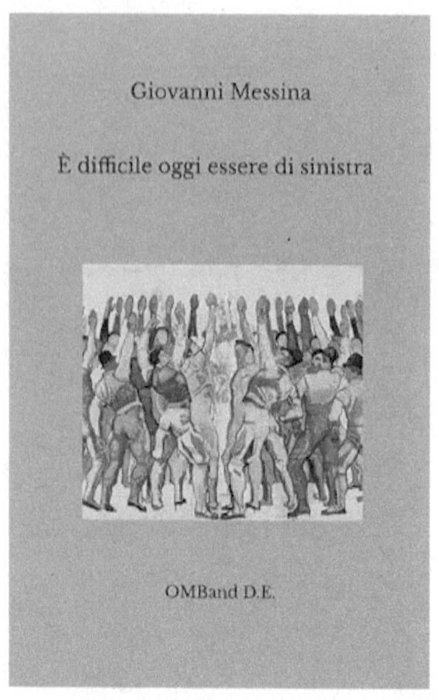

OMBand D.E.

Se abbia ancora un senso distinguere destra e sinistra è stato uno dei temi centrali del dibattito politico contemporaneo, proceduto di pari passo a quella progressiva omologazione dell'offerta politica cui abbiamo assistito negli ultimi decenni. L'opinione oggi prevalente vuole che nel mondo nuovo della globalizzazione le ideologie non abbiano più ragion d'essere e che siano "ferri vecchi della storia così come chi ancora ne fa uso".

In questo libro, avvalendosi di un ampio supporto bibliografico e giornalistico, nonché di dettagliati riferimenti storici, l'autore contesta tale tesi, ritenendola l'asse portante di una narrazione funzionale alla difesa degli interessi dei grandi detentori di ricchezza e delle multinazionali. Sostenere la fine delle ideologie si rivela essere solo un modo per eliminare le idee di sinistra dal confronto politico, lasciando campo libero alle oligarchie dominanti, poiché la globalizzazione non ha segnato la fine della lotta di classe, bensì l'inizio di una nuova epoca nella quale essa viene combattuta da un lato soltanto, quello dei ricchi.

Non è che le idee di sinistra siano collassate su sé stesse perché ormai anacronistiche, sono scomparse dall'orizzonte politico perché private di rappresentanza. Questo è stato possibile grazie allo strapotere acquisito da quelle oligarchie, che, da una parte, condizionano e indirizzano le scelte politiche a loro favore, riducendo di fatto la democrazia a una scatola vuota, e, dall'altra, favoriscono l'affermazione di un pensiero unico che isola e soffoca ogni tesi che vada controcorrente.

Un famoso film degli anni '70, Oltre il giardino, si chiude con Peter
Sellers, che interpreta un idiota, destinato ormai a diventare presidente
degli Stati Uniti. La cosa potrebbe a prima vista apparire inverosimile,
ma fino a qualche anno fa sarebbe apparso inverosimile anche
un presidente che fa pubblicità a una marca produttrice di fagioli in
scatola sul tavolo dello Studio Ovale. Eppure è successo.
Che la democrazia non stia vivendo la sua età dell'oro è sotto gli occhi
di tutti. Anzi, la sensazione è che proceda verso un inesorabile declino.
Non si vota più per il migliore, ma per il meno peggio, e sempre più
spesso il meno peggio è tanto simile al peggio
che si fa pure fatica a distinguerlo.
Questo pamphlet vuole mettere in discussione la democraticità e
l'efficacia del suffragio universale, evidenziando l'equivoco che ne è alla
base e i paradossi che ne derivano, soffermandosi sugli argomenti
portati in sua difesa e contro di esso e provando a rispondere ad alcune
inevitabili domande: quanto sia affidarsi al volere della maggioranza; se
questa democrazia possa ancora essere garanzia di libertà; quanto la
sovranità popolare sia sostanziale oltre che formale; ecc.

In un paese non nominato, ma che potrebbe essere l'Italia, uno strano disturbo si diffonde tra una parte significativa della popolazione obbligandola ad andare in giro in maschera. In breve, abitudini e relazioni umane ne risultano completamente scombussolate. In questa società che sembra precipitare verso il caos, si muovono i due protagonisti, desiderosi di capire e impegnati a salvare la loro unione. Tra utopia negativa e paradosso, con uno stile coinvolgente e carico di verve, l'autore crea una storia che ha i tratti leggeri della favola illuminista. Una riflessione velata di ironia sui valori della nostra epoca e a tratti anticipatrice della vita ai tempi della pandemia.